U0054584

失落在膚色底下的歷史

追尋美軍混血兒的生命脈絡

陳中勳●著

目錄

獻給我的家人

以及我的亞洲朋友 Junan Jang（1982-2018）

前言：尋人啟事

就戰略地位的角度而言，美國與中華民國分踞太平洋之兩岸，形成犄角之勢，致使兩國之關係，隨著歷史的發展，日趨緊密。美國基於其一貫追求自由與民主的立國精神，從不吝於扮演正義捍衛者的角色，積極維護世界和平與秩序[1]。

——《美軍顧問團在臺工作口述歷史》

1 引自國防部史政編譯室（2008），《美軍顧問團在臺工作口述歷史》，頁 9。

有一種新聞文類，自從解嚴以後大約每隔數年就會出現一次在台灣報紙的版面。或許你也曾經看過，讓我來稍微整理一下它大致的結構：故事的開頭是來自美國的混血兒完全不懂中文，卻為了尋找母親千里迢迢飛來台灣。他們掌握的線索有限，只知道母親的中文名字或英文名字，又或者什麼都不知道，唯一能確定的是母親曾經在美軍基地工作，又或者曾經短暫居住在台灣的某個特定街道，例如台北德惠街、台中五權路、台南中正路、以及高雄五福四路一帶。

至於混血兒的父親是曾經駐紮在台灣的美軍，不過每個人的狀況又稍微不太一樣。很可能母親當時清楚知道對方在美國已經有妻子，所以考量到孩子的未來決定讓混血兒交由父親帶走。也很可能母親懷孕時自忖無法承擔養育的責任，於是在待產期間決定將孩子交由附近的美軍夫婦收養，而不久之後這一家人飛往美國，所以混血兒目前的父母其實是他的養父母。

有美國混血兒尋找台灣母親，另一方面也有台灣混血兒尋找美國父親，例如片長十五分鐘的紀錄短片《黑吉米》（*Hey Jimmy*）。吉米是夜店的變裝皇后，他的父親是駐紮在台中清泉崗基地的非裔美軍，雖然曾經答應會帶著母子一起去美國生活，卻再也沒有出現過。吉米遺傳父親黝黑的膚色，小時候最無法忍受的一句閩南語玩笑話就是「黑人牙膏，放屎黑黑」；他的母親在鏡頭面前已經是中年婦人了，依舊娓娓述說著當年與吉米的父親在美軍俱樂部相遇的往事。導演宋明杰曾希望籌拍續集幫助吉米尋找父親，只是從影片遲遲沒有發布的情形看來，這項超級任務似乎也陷入膠著。

由於這類型的跨國尋人啟事涉及到人生勵志（混血兒永不放棄希望）與歷史懷舊（美援的往事並不如煙），在短時間內往往能點燃起新聞熱度。不過除了極少數的幸運混血兒在闊別了數十年之後還可以與父母親重逢，絕大多數的案例都沒有尋親成功。尋人啟事隨即被讀者遺忘，直到下一則相似的尋人啟事重新出現再度吸引讀者的目光。

仔細比對歷年來的尋人啟事，我認為有以下幾個觀看重點：一、美國混血兒明顯擁有比較好的教育背景與社會經濟地位，很難想像台灣混血兒是否也有相同的條件飛往美國並且召開尋父記者會。二、這群混血兒的年紀相仿，他們的出生年又或者離開台灣的時間點全部集中在六〇年代至七〇年代。三、報導的重點大多凸顯混血兒父親的美軍身分，相較之下台灣母親的形象則是模糊不清的，頂多從美國混血兒提供給媒體的一張老照片裡看見其中一名母親當年留著赫本頭[2]，至於她過去的出身背景以及如何認識美軍，然後又是因為什麼樣的際遇懷下混血兒則是無從得知。

混血兒的身與影

說來也奇怪，我之所以異於常人地細數著台美混血兒的蛛絲馬跡，有部分原因是想解開童年時期的謎題。我的父親是一位醫生，當二〇〇三年五月SARS爆發，他所屬的醫院因為高層隱瞞疫情導致集體感染，隨即遭到為期十四天的封院淨空。父親和其他醫護人員被移往其他醫院隔離觀察，我和家人也連帶被限制人身自由宅在家裡，當時與外界的接觸管道只剩下政府人員每天透過門口送來的三餐飯盒，以及全天候不斷轟炸的電視新聞。也在同一個時間點，一支新興的搖滾團體發行他們的新專輯，開始在各個娛樂節目上密集地宣傳，除了主唱高亢的嗓音是最大的特色之外，站在一旁的黑皮膚鼓手也引起我的好奇，總以為應該是前來台灣演藝圈發展的非裔美國人。

隔離期間過後，我成為這個樂團的粉絲，先是買齊他們的專輯，並且每天追蹤演唱會行程與最新消息，還買來他們出版的音樂自傳像是聖經般捧讀，當我翻到黑皮膚鼓手的篇章

---

2 所謂的赫本頭就是模仿奧黛麗赫本（Audrey Hepburn）的髮型。作家詹錫奎在小說《再見，黃磚路》對於跑去台中第一俱樂部聆聽演唱會的少女Mikko有著如此的穿著速寫：「兩個中國女孩，一身狂野的打扮。講話那個，赫本頭，米黃方格襯衫，牛仔短褲，涼鞋上面，一雙修長的腳，看得喬也眼睛一亮。」頁三十九。

時才知道他原來是台灣人與美國人生下來的混血兒。只是他在書中大多著墨於外婆家的兒時記憶，鮮少提及父母，種種說法反而更加深我的困惑：怎麼會有一個外表酷似美國黑人的混血兒不太會講英語，中文名字卻是從英文直接音譯，然後從小又是在台灣長大？

這個人生問號也就從此放在心上，可能隨著年紀的增長悄悄地埋藏在潛意識裡，直到某一天看完《恐怖份子》以後，忽然有一種開關重新啟動的感覺。電影裡同樣也有一名與眾不同神神秘秘的混血女孩淑安，透過亂打電話的惡作劇導致一連串的誤會與悲劇。至於養育她的母親明顯已經不再青春貌美了，卻依舊維持著一身濃妝艷抹的輕挑打扮，可能也意識到自己的不合時宜，她只能蜷曲在夜深人靜的公寓角落裡一邊著抽菸，

《恐怖份子》淑安

一邊聆聽著五〇年代的美國熱門音樂〈煙霧迷濛你的眼〉（Smoke Gets In Your Eyes）。

電影放映結束後，我的頭一個疑惑是：「等等，所以我說那個混血女孩的父親呢？」電影始終沒有交代，只能從母親用閩南語出手打罵淑安到處鬼混的時候，才能稍微猜測父親處於永遠缺席的狀態：「妳是沒人要，沒人教訓是不是，妳有辦法的話就跟妳爸爸一樣，死出去，就不要再死回來！」

因此這對母女就這樣成為整部影片最莫名其妙的騷動來源。幸好導演楊德昌在一篇訪談中補充說明電影背後的拍攝動機：「最主要的靈感是從那個歐亞混血女孩開始。她當時就在台北混，沒有工作，家裡也是單親家庭。她的父親應該是個越戰美軍，她母親以前在酒廊工作，所以她的出身背景很獨特。電影裡我偷偷放了一點關於她的身分線索，比如說她媽媽抽菸的時候，如果你仔細看，會看到她用的是美國陸軍配給的打火機，上面有個第一裝甲部隊的佩章[3]。」

循著這個線索反覆播放《恐怖份子》影像片段的同時，我努力追溯過往記憶，發現混血女孩與腦海深處的黑皮膚鼓手身影突然連結在一起。我察覺到我必須著手查證這一段對

---

3 白睿文（二〇〇七），《光影言語——當代華語片導演訪談錄》，頁二四七。

自己來說非常觸電的啟示。我再度翻閱童年時期讓我愛不釋手的音樂自傳，搜尋到黑皮膚鼓手的生日也正好是越戰最高峰的六〇年代，於是一場長達四年的調查研究旅程也就此展開。

這本書即將揭曉的是，台灣曾經有一群不同於全球化意義的戰爭混血兒。他們的出生年橫跨韓戰到越戰，父親是駐紮在亞洲的美軍，母親的職業也環繞於美軍基地周遭的福利社、俱樂部、西餐廳、咖啡廳、酒吧等相關娛樂設施，所以混血兒的身世背景非常接近，也有著相仿的冷戰印記。美國作家賽珍珠曾將美軍造成的戰爭孤兒命名為亞美混血兒（Amerasian），一九六四年先是在賓州費城創立第一個輔導混血兒的機構，隨後陸續於南韓、泰國、沖繩、菲律賓、越南設置據點，台灣分會也在一九六八年成立，也意味著越戰美軍的到來使得混血兒問題在六〇年代開始日益嚴重。

更進一步地，許多破碎的亞美戀曲與跨國尋親記憶也「因孕而生」，以此為題材的集體書寫也成為特殊的文化現象。在日本，作家村上龍的出道作品《接近無限透明的藍》（限りなく透明に近いブルー）描寫一群生活在福生市的青少年與美軍基地混住雜交的場面，其中一位少女明顯有著混血特徵，她的男友還曾經答應她要一起前往夏威夷尋找美國父親，只是這項諾言也隨著兩人分手不了了之。在南韓，導演金基德的《收件人不詳》（수취인불명）也同樣以美軍基地的鄰近社區為背景，影像裡的混血兒母親不斷地寄信給非裔美軍情人卻

屢屢遭到退回，直到對方有一天終於回信，這對母子也遭逢變故。這位母親始終保存著一張老舊的「全家福」照片，但是嚴格來說父母兩人並沒有結婚，即使雙方曾經建立婚姻關係，一家人也因為父親的永久缺席而沒有形成現代意義下的核心小家庭。

其實類似的尋人啟事片段也出現在八〇年代的台灣新電影浪潮中，也就是導演李祐寧的愛國電影《那一年我們去看雪》，我甚至認為可以將它暫時視為《恐怖份子》淑安的前傳與續集[4]。電影裡的混血女孩劉美鳳對於自己的身世耿耿於懷，長大後開始動念尋找父親，因此隨身攜帶父親在小時候從美國寄來的耶誕節卡片與全家福照

4 《恐怖份子》是在一九八六年上映，《那一年我們去看雪》則是在一九八七年，兩部電影的編劇之一都是小野，所以我嚴重懷疑《恐怖份子》無法呈現的混血兒身世被搬移到《那一年我們去看雪》上演。

《那一年我們去看雪》劇照

片——而這張照片又與《收件人不詳》的全家福有著一模一樣的跨種族構圖，唯一的差別只在於美軍的種族膚色不一樣而已。

只是不同於《恐怖份子》的美軍父親始終是缺席的存在，《那一年我們去看雪》反倒又無法看見母親長什麼樣子，因此有必要再次將視角延伸至東亞。《恐怖份子》裡呈現的吧女母親，轉換到南韓往往叫做「洋公主」（yanggongju），轉換到日本則是叫做「潘潘女郎」（pan-pan girls），至於在華文世界裡最著名的形象則是《蘇絲黃的世界》（*The World of Suzie Wong*）。這部小說在一九六〇年改拍成電影，由威廉荷頓（William Holden）和關南施（Nancy Kwan）主演，故事內容是前來香港尋求靈感的英國畫家愛上了吧女蘇絲黃，最後有情人終成眷屬。在電影的推波助瀾下，香港甚至搖身一變成為熱門的美軍渡假景點——美國大兵搭乘第七艦隊靠岸以後，想像著能與灣仔酒吧區的蘇絲黃展開一段東方奇遇。

但是，無論是南韓的洋公主、日本的潘潘女郎或是香港的蘇絲黃，這些用來形容亞洲女性的綽號都帶有愛慕虛榮與崇洋媚外的貶義，也共同指涉與美軍交往的女人。其中，洋公主的話語邏輯不但透露出東亞各地的父權社會對於跨種族戀情有著非常強烈的焦慮，同時也暗示這類型的性別關係是國家位階不平等所造成的結果，因此更是一種民族恥辱。

從東亞共同又殊異的歷史經驗出發，我想探討的問題在於：假設美軍父親、台灣母親與混血兒是戰後普遍的社會現象，那麼亞美混血兒對於台灣的特殊意義是什麼？這些文本背後的世界又是如何構成的呢？

從《人間》到《恐怖份子》

為了追尋台美混血兒的身世，我回溯各種歷史資料，發現過去探討混血兒的原始文獻僅僅只有兩篇，而且都恰巧座落於八〇年代的兩本黨外雜誌的創刊號。它們分別是《深耕》的〈烏來追想曲：山地鄉的一群混血兒〉，以及《人間》的〈妳是外國人嗎？是。妳是中國人嗎？是！〉。此外，混血兒在當時的語境裡都還是「中美混血兒」。

有趣的是，直到後來我才知道《恐怖份

第七艦隊美國水兵在基隆與酒家女合影

子》的部分故事架構參考過《人間》版本的混血兒報導[5]。因此，導演楊德昌是《人間》的讀者，事後拍攝出看似「不必太認真」[6]的虛構文本《恐怖份子》；而我是虛構文本《恐怖份子》的觀影者，事後隱約回想起童年時期真實存在的混血兒，甚至動念想寫出他的前世與今生。

不過在這裡也要停下來追問的是，為何涉及混血兒及其母親的相關文學與電影不勝枚舉，相較之下非虛構的調查報導卻是寥寥可數？我的解釋是即使在當時接近台灣解嚴的年代（又或者是今天看似沒有任何禁忌議題的當代），母親還是不願意輕易暴露自己身為洋公主的過去，以免自己的孩子和後代遭受種種霸凌。至於許多小說家和電影工作者基於對吧女生涯的好奇，只能側面拼湊街談巷議和相關剪報生產出文本。

先從一九八一年六月的《深耕》開始說起。《深耕》版本的混血兒報導描述烏來因為過去的色情產業而產生的混血兒，標題〈烏來追想曲〉也借用一首閩南語老歌〈安平追想曲〉傳達悲情形象：

想起母子的運命
心肝想爹也怨爹

別人有爹疼，阮是母親晟
今日青春孤單影……

這首安平追想曲，幾十年來曾不斷的在老一輩的心中迴旋，而今這首戀曲同樣又在烏來傳唱，雖然光陰已經歷幾十年的更替；儘管荷蘭人走了，日本人走了，美國人也走了，可是這首哀怨的歌卻沒有因他們的離去，而跟著消逝。

烏來追想曲
——山地鄉的一群混血兒
王儀

《深耕》〈烏來追想曲〉刊頭圖

5 小野（二〇一一），《翻滾吧，台灣電影》，頁二五三。

6 《恐怖份子》當中，沈維彬讀了女作家周郁芬的小說辨別出是自己的故事後，才知道原來他的結婚深深傷害了周郁芬，因此感到非常罪惡。周郁芬的回答是：「小說歸小說，你不必太認真，跟真實畢竟是有距離的」。

根據記者王儀在八〇年代的田野調查，當時的烏來大約有三十名混血兒，其中年紀最大的就讀小學六年級，最小的還不會走路。這一群完全不知道父親是誰的孩子又以日本混血居多，還包含歐美、菲律賓、非裔混血等等，使得烏來鄉忠治村一度有著國際兒童村的稱號。

因為烏來山區的地形耕作不易，居住在當地的泰雅族幾乎仰賴觀光業維生，由男性原住民幫忙遊客拍照、女性原住民販賣紀念品，但是在同業競爭的惡劣環境裡為了維持基本生計，專門販賣紀念品的藝品店往往變相成為情色行業。外國觀光客先是在藝品店預購紀念品，之後委由店家指派原住民少女到對方下榻的台北旅館「送禮品」進行場外交易；隔天烏來少女再從台北返回部落，使得當地警察無從取締。

〈烏來追想曲〉也揭開烏來福山村曾經盛行的「租妻業」。福山村的原住民少女先是前往酒吧靠行，以每月六千元或是每年六萬元不等的代價租給美軍，隨後搬入對方家裡成為臨時妻子。美軍按月支付租金，負責一切生活起居的食宿費用，一個月後如果滿意可以續約，反之則互不相欠各奔東西，而其中當然也有少部分的臨時妻子最後遠赴美國成為真正的美軍新娘。只是乍看之下互不相欠的對等結果，就是美軍搭乘飛機離開台灣，留下一批頭髮膚色與當地小孩完全不同的混血兒。

烏來福山村的租妻業，在南韓學術文獻裡也有類似的紀錄可以作為補充註解。性別研究學者 Seungsook Moon 指出，南韓美軍基地周遭盛行著一種同居交易（cohabitating prostitution），由美軍每月負擔生活費用，與吧女之間維持著短期的夫妻關係。對於後者來說，只要專心扮演好臨時妻子的角色，就不必每天在美軍俱樂部裡來回應付各種客人與店內雜務，而且日後說不定還有成為美軍新娘的機會；同時對於前者而言，只要每月支付一筆金額，性生活與居家照顧就能一次獲得滿足，也還可以在退伍以後將整套家居設備轉手賣給下一位美軍[7]。

記者王儀在訪問烏來國小的老師、兩名混血女孩以及混血兒的母親之後，觀察到有些母親在懷孕期間為了不想讓孩子往後知道身為私生子的事實，因此將混血兒登記在自己父母名下，於是產生了混血兒得叫爺爺奶奶為爸爸媽媽，自己的親生母親反而得稱呼姐姐。報導的最後提及當時位於台北市中山北路的賽珍珠基金會，說明這個機構的宗旨是在幫助混血兒重拾信心。

《深耕》的混血兒報導刊出四年之後，又有另一對黨外雜誌記者前往賽珍珠基金會，採訪基金會正在輔導的三名混血兒：雪莉、南西、喬治。這一份在一九八五年十一月發刊

7 Seungsook Moon（二〇一〇），Regulating Desire, Managing the Empire: U.S. Military Prostitution in South Korea 1945-1970，頁六五～六六。

的人文雜誌在創刊的話裡強調：「《人間》是以圖片和文字從事報告、發現、記錄、見證和評論的雜誌。」因此混血兒與家人的面貌清晰地油印在雜誌內頁，批判色彩也更加鮮明。

我認為《深耕》版本的混血兒報導先是指認駐台美軍的存在，因為美軍在台灣需要長期駐軍所以透過租妻尋求伴侶關係。至於《人間》版本的混血兒報導則是在駐台美軍之外又指認另一種短期的美軍來源：來自越南戰場的渡假美軍。

根據《人間》記者王雅倫的描述，美國在二次大戰之後開始在世界各地設置軍事基地，於韓戰與越戰期間派遣大量美軍進駐東亞，其中美軍藉由休息復原計畫（Rest and Recuperation program，簡稱 R&R）分批來台渡假，事後產生的混血兒達到千人以上，混血兒的出生人數一直要到越戰結束以及《中美共同防禦條約》的終止才下降為零。美軍父親離開以後，母親通常缺乏一技之長產生經濟上的困

《人間》創刊號刊有混血兒特集

難，混血兒也在成長過程中遭受身心挫折，而賽珍珠基金會為了協助混血兒，透過美國家庭每月提供的小額捐款作為混血兒家庭的生活補助。

報導訪問的雪莉是年僅十二歲的白皮膚混血兒，有著一雙藍色的大眼睛和高高的鼻子。她的父親是駐台美軍，曾經與母親交往兩年並且論及婚嫁，最後卻因為美國家人的反對而離開台灣。她的母親一度受到刺激罹患精神疾病，但是為了養育雪莉開始在電子工廠上小夜班；雪莉每次主動提及父親時，母親總是回答父親在美國做生意，顯得不願意多談往事。

另一方面，與雪莉形成對照組的是十八歲的南西與十一歲的喬治，兩人是同母異父的黑皮膚混血兒姐弟。她們的母親是基隆的吧女，從小因為家庭貧困給人過繼做養女，卻也開始被迫「上班」；外婆為了彌補心中愧疚，勸女兒懷孕以後不要再拿掉小孩，由她來負責照顧，於是南西與喬治從小在外婆家長大，由母親每月按時寄錢然後久久回家一次。

相較於學校同學都羨慕白皮膚的雪莉長得很好看，南西提及她小時候常常被男生欺負，不但弟弟喬治被叫成是「捲毛的」，自己也有一個綽號叫做「黑人牙膏」。在報導的尾聲，影響混血兒命運最深的美國或許還是最適合他們的地方。當時賽珍珠基金會正好在辦理喬治的收養手續，喬治最後也搭乘飛機前往美國的收養家庭。

《人間》版本的混血兒報導進一步勾勒出混血兒家庭的立體樣貌，不過在雜誌編輯的處理上又安插幾則耐人尋味的圖片說明，例如：「我們是越戰的證據。過去、現在、未來都是。」「祖孫三代，就缺個修身齊家的大男人。」「孩子凝視著母親。母親正在討論著強尼的命運。有一個美國家庭決定領養她的孩子。」「媽媽希望女兒將來嫁給外國人比較合適。女兒希望有機會上大學。」「孩子啊，抬起頭，站起來！」「噢，親愛的孩子，天涯海角，記住你是一個人。永遠都是。」

記者王雅倫在最後也提出她的質疑：「在我們的社會上，絕大多數人不知道這些美亞混血兒的存在。他們是戰後國際政治的犧牲者和被害者，但同時是我們自己的骨肉同胞。誇言進入富裕時代的台灣，應該用自己的力量去照顧這些被無情地遺棄的母親、兒女和老太太。但是美軍在戰後的日本、韓國、台灣、東亞和世界各地美軍基地留下來的混血兒，如果美國人只要負『一半的責任』，那另一半的責任，又該由誰來負呢？」雖然《人間》從頭到尾都沒有使用「冷戰」兩個字，但是比起《深耕》更清楚地意識到混血兒問題就是冷戰問題，並且將問題意識擴展至美國在東亞各地的軍事部署。

以後見之明的觀點回顧，《人間》的創辦人陳映真在刊物裡關注混血兒問題或許並非偶然。這位左翼作家在高中時代曾舉著「抗議美軍藐視人權」的硬紙板參與示威遊行，並且在一九六八年七月因為「組織聚讀馬列共產主義、魯迅等左翼書冊」遭到逮捕，入獄前夕他在《文學季刊》發表的短篇小說〈六月裡的玫瑰花〉更是描寫美軍與吧女愛情故事的先驅之一，也隱約為十七年後的《人間》混血兒報導補充說明背後的時代意義。

因此有別於《蘇絲黃的世界》裡英俊瀟灑的威廉荷頓與美麗動人的關南施，〈六月裡的玫瑰花〉所呈現的異國戀情男女是完全不一樣的寫實面貌。小說裡的非裔美軍巴尼為了擺脫家族世代皆為奴隸的宿命，希望藉由參與越戰獲得與白人平起平坐的地位，但是他在一次的軍事行動中隻手屠殺了越南的一整座村莊，在飛來台北渡假以後飽受精神上的折磨。吧女艾密麗則是來自貧困的農村，包括自己、母親以及外祖母都是養女出身，所以她與其他鄉下少女一樣湧入開始邁向工業化社會的台灣都市謀取生計。艾密麗因為階級限制無法接受高等教育，假如設身處地地為她著想，當她來到六〇年代的繁華台北以後通常只有兩種職業可以選擇：一是在加工出口的冷戰經濟格局下前往工廠做女工，而在背後設定勞動條件與支付薪水的老闆很有可能就是美商[8]；二是在第一島鏈的冷戰軍事部署下前往美軍基地附近的酒吧、舞廳、西餐廳或者俱樂部工作，過著看美軍吃飯的日子[9]。艾密麗選擇了後

8 例如，美商飛歌電子廠在一九六六年選定淡水竹圍設置分廠，美商 RCA（美國無線電公司）也在一九六七年選定桃園設立子公司，不過兩者都曾經造成嚴重的女工工殤與環境污染災害。RCA 員工的故事可以參考《拒絕被遺忘的聲音：RCA 工殤口述史》。

者，並且在酒吧間認識了巴尼成為他的同居女友。

不過在小說的尾聲，兩人卑微的第三世界愛情註定無法結合在一起：巴尼結束假期後返回越南戰場不幸身亡，留下無法閱讀英文訃聞的艾密麗以及她肚子裡懷胎一個多月的嬰兒，似乎也預告著混血兒將來沒有父親的命運。

如果將〈六月裡的玫瑰花〉擺放在白色恐怖年代的反共背景閱讀，陳映真非常隱晦地質疑美國攻擊越共的正當性，即使戰爭是以民主、和平、自由等神聖名義發動，對照個體生命的脆弱與流離失所卻變得額外諷刺。同時，小說也捕捉到一幅如下的冷戰圖景：台灣短時間內林立的美軍俱樂部弔詭地與遠方的越戰遙相呼應，跨越種族與階級的美軍、吧女、越南人民因為一場戰爭牽連在一起，直到戰事與生命的終結才戛然而止，如同六月裡短暫的玫瑰花。

追尋混血兒、追尋台灣母親、追尋美軍

檢視歷來的文本與文獻以後，我意識到為了解開混血兒的尋人啟事之謎，不但要往前回推至八〇年代，延伸《深耕》與《人間》的路線重新造訪賽珍珠基金會，而且還要返回

六〇年代尋找答案，也就是〈六月裡的玫瑰花〉寫作當下的冷戰時代。

我翻閱美國在台協會出版的《1950-1980：美國人在臺灣的足跡》，赫然發覺全世界大概也只有這個組織可以將美軍基地正面表述，而且還受到中華民國總統與外交部部長的背書。這本展覽手冊收錄一幅以台灣為背景的地圖，非常詳細地劃分出美軍基地曾經在這塊島嶼的分布——五〇年代，美軍顧問團與美軍協防司陸續在台北運作，緊接著在金門、馬祖以及台灣本島的龍潭、新竹、台中、嘉義、台南、高雄等九個地區部署軍事據點，再將最主要的空軍單位集中於台中清泉崗基地。

至於美軍來台渡假計畫則是成為官方刻意省略的記憶。關於這一段歷史插曲，這本圖文並茂中英並陳的展覽手冊寫著：「由於臺灣是美國圍堵社會主義國家的前哨站，臺北中山北路及高雄七賢路上，曾一度酒吧林立，為駐台與越戰休假美軍帶來特殊的美式風光。」一相關照片則是收錄了一張兩名白人美軍穿著體面的西裝品嚐小籠包。然而，當時美軍的渡假行程真的只有享用台灣美食這麼簡單嗎？

9 前往工廠做女工好，還是前往酒吧做吧女好？香港作家劉以鬯的小說《吧女》提供的文學經驗或許可以作為參照。小說中同樣出身卑微的楊彩蓮在香港工業起飛的六〇年代原本是膠花廠女工，後來因為一場意外轉職成為吧女，並且透露薪資的落差也是她抉擇後者的考量之一：「做一個工廠妹，能夠賺多少？」頁一九一。

我覺得同樣的刻意壓抑也發生在台灣現行的歷史論述裡。在一次的旅行裡，我前往國立臺灣歷史博物館參觀「斯土斯民：臺灣的故事」常設展，看見終戰以後的展區有著以下的介紹文字：「戰後，台灣一度接受美國經援發展工業，加上台灣人的『打拼』工作精神，隨後搭乘世界經濟成長的翅膀，一躍成為重要的國際代工廠。」身為一名九〇後，求學過程接觸到的歷史教科書版本橫跨國民黨與民進黨政府執政時期，我非常熟悉這一套似乎永恆不變的美援旋律。我還依稀記得高中歷史老師在提到這一段當代台灣史章節時，在黑板上補充說明台灣省主席謝東閔在七〇年代提出的「家庭即工廠」政策，鼓勵將工廠生產線延伸至各個小家庭，並且運用女工的家庭勞動生產力擴大外銷，進而大幅提高國民所得，開創所謂的「台灣經濟奇蹟」。

但是，這段奇蹟敘事的背後又遮蔽了什麼？當時以「家」作為勞動空間的女性只有從事家庭代工的年輕女工嗎？舉例來說，導演李祐寧在電影成名作《竹籬笆外的春天》裡描述外省第二代少女從高雄眷村離家出走，然後前往台北酒吧做吧女、學英文、喝洋酒、賺美金的女工生命敘事，台灣歷史又應該如何詮釋她與美軍同居成「家」的意義呢？

目前為止，我只有看到移工研究學者夏曉鵑執行的國科會補助計畫從事過類似的混血兒調查，計畫名稱是「失落的美國夢：冷戰結構下美軍與台灣女子之跨國家庭研究」，雖然她預計探討的議題不是針對混血兒，而是母親所代表的戰爭新娘（war brides）一代為什麼集體呈現噤聲失語的狀態。根據她的統計，賽珍珠基金會在台北成立以來建立了將近一千名混血兒檔案，個案編碼總共九百六十七號，她的研究也謄錄了一百四十七份，不過這項二〇〇三年八月的計畫只有成果報告書而沒有出版完整的論文，更加強我前往賽珍珠基金會挖掘舊檔案的動機。

二〇一四年十月，我在賽珍珠基金會執行長蕭秀玲的同意下，以志工身分加入基金會，幫忙基金會舉辦的新移民子女營隊以及各個重大記者會拍攝活動照片，並且在其他工作日裡借用副執行長林蒔萱的小筆電將混血兒檔案從英文翻譯成中文，研究時間為期四個月。由於檔案資料相當龐大，在有限的時間內也只能先翻譯每一名混血兒的開案資料和結案原因，再依照主觀判斷斟酌翻譯工作人員的家庭訪問紀錄。

那時候我大概以每天二十份的翻譯進度趕工，每解密一份檔案彷彿又撬開了另一處時光之門，因為許多混血兒的通報地址都已經是三十年後不復存在的舊址了。整理過程中我也發現基金會過去雖然建立將近一千份檔案，但是在編號六百以後陸續出現父親明顯不是美軍的混血兒，又或者個案是混血兒第二代。如果再剔除因為家庭貧困而納入認養計畫的非混血兒案例，粗略估計基金會輔導過的亞美混血兒大約在六百二十名左右。

因此，這本書的核心也主要環繞在這六百二十份的混血兒檔案，還有我在翻譯期間每天寫下的閱讀筆記，以及賽珍珠基金會前主任馮閑妹（馮阿姨）提供的史料。另一方面，我在基金會擔任志工期間奇蹟似地聯繫上三十年前《人間》採訪過的南西，促使我動筆寫下這段故事的延伸報導——後來她與母親以及遠赴美國的弟弟喬治又過得怎麼樣呢？此外，我也陸續認識了三名際遇各自不同的混血兒：王湯尼、林億利、邱漢忠，他們的故事即將呈現在下一章〈四個混血兒的家庭史：Nancy, Tony, Eldly, Michael〉。

在歷經一段漫長的資料處理程序後，我也準備以混血兒檔案進行兩個實驗：從混血兒的通報地址觀察美軍來台足跡，從混血兒的生日追蹤美軍來台高峰。

就我閱讀檔案時的理解，夏曉鵑所形容的噤聲與失語狀態不僅僅只有母親，也發生在混血兒身上。由於混血兒從小到大承受程度不一的歧視與污名，母親面臨美軍情人離去的打擊也顯得不願意回首過往，兩者的集體失語幾乎導致冷戰歷史的空白，但是他們的聲音為何消失？所以在第二章〈過去與過不去的身與影：美軍、台灣情人與混血兒的面貌〉，我將從檔案分析母親的職業、籍貫、年齡甚至是育兒模式，以及釐清父親的軍階、種族還有離開台灣的原因，然後展開以下的探索：一、作為因應冷戰而生的跨國認養機構，美國賽珍珠基金會及台灣分會如何運作？二、當時從事美軍相關工作的女性又面臨什麼樣的情境？

三、從母親與混血兒的所在地分布又反映出什麼樣的勞動變遷與群聚效應，甚至是跨國移動的場景？

美軍在台灣歷史上的特殊意義在於，他們是第一批在統治政權的同意下得以入境台灣的外國軍隊，再依照逗留時間的長短區分為駐台美軍和渡假美軍。在第三章〈追尋起源：混血兒的誕生與美軍的台灣假期〉，我將聚焦於曾經短暫生活在台中的三名小人物。他們分別是：恐怖分子林博文、清泉崗第三七四作戰支援大隊美軍下士魯茲（Ronald A. Lutz）以及雙美餐廳吧女領班裘麗，並且指出他們的命運分別與《中美共同防禦條約》和《在華美軍定位協定》脫離不了關係。另一方面，為了讓被壓抑的美軍來台渡假歷史得以重返，我主要將使用外交部「駐越美軍來華渡假地位」、「美軍在台人數報表」以及交通部觀光局「越南美軍渡假接待」等解密檔案填補這一段美軍空白。

我曾經在賽珍珠基金會的檔案堆裡看見一張兒童沙龍照，照片裡的混血兒坐在椅子上直面攝影鏡頭，只穿著一條白色內褲，從他一頭捲曲的頭髮不難猜測他的父親是非裔美軍。資料顯示，他的父親帶著他原本的家庭駐紮在台中，至於生下他的母親是一位未滿二十歲的吧女。可能也因為年輕不知所措，不知道該為她的孩子取中文名字還是英文名字，所以只簡單命名為小黑。母親也因為對於小黑的未來沒有任何計畫，不久之後將他轉交給台中的美國家庭收養，這個收養家庭也很快地飛往美國，小黑的身世資訊也停留在他四歲的時候。

《那一年我們去看雪》的主角阿國後來攜帶劉美鳳提供的全家福照片前往美國留學，他在茫茫人海中試圖協尋摯友的美國父親時說了這麼一句話：「這是我的一份心意，我要找到他，而且要把找到的過程記錄下來。你知道嗎？這是歷史，我相信台灣在一、二十年前有不少這種例子。」如果小黑還活在這個世界上，他和其他混血兒的年紀也即將超過半百，也代表著美軍在台灣遺留的足跡歷經了半個世紀。雖然已經無從得知小黑身處何方，以及他是否也曾經試圖追尋自己的混血身世而刊登尋人啟事，不過我希望穿越他的照片回溯亞美混血兒的生命史，反思這一段距離當代台灣最為貼近的美國時光。

第一章

四個混血兒的家庭史：Nancy, Tony, Elddy, Michael

我的身世特殊，在成長的過程中受了不少委屈；不過也因為如此，我比別人更加倍努力。我想，這個世界上，不知有多少人和我一樣，有著相同的身世。我們這種孩子，先天上就與別人不同，想要去除這塊永遠的標記，實在不易，可是我卻走過來了[1]。

——前籃球國手鄭志龍

看到父親的那一刻，我什麼話也說不出來。所有先前在腦海裡演練過的畫面，早忘得一乾二淨，看著父親同樣哭紅的雙眼，我轉而心疼起來。這時，我似乎感覺到這麼些年，或許他心裡也不好過[2]。

——藝人賴佩霞

1 引自黃光芹（1997），《告別輕狂：鄭志龍的成長、愛情、抉擇》，頁 44。

2 引自賴佩霞、郭貞伶（2012），《回家：賴佩霞二十年修行告白》，頁 69。

Nancy：《人間》三十年的後續

我和南西約在行天宮附近的咖啡店。她說之所以選在行天宮碰面，是因為她只需要搭上一班公車就可以回到位於總站附近的住家。她還記得有一次在行天宮拜拜完，提著裝滿供品的紅色塑膠袋刷卡上車，司機看見她，指了指外面的行天宮說：「妳來這裡拜拜？妳們不是都信基督教嗎？」這句問候不經意地流露出一般台灣人對於「外國人」的既定印象，也讓南西察覺長久以來的通勤使得司機老早就認得她。

南西的體格豐滿，棕色偏黑的皮膚以及一臉不太容易分辨出是東方人還是西方人的面孔，躋身在人來人往的街道上也顯得相當突出。她笑著說像她這樣的人，一點壞事都做不得，因為所有看過她的人都不會輕易忘記她。

南西並不是她真正的英文名字，而是《人間》的記者幫她取的化名，不過南西卻也因為《人間》意外有了英文名字。三十年前，就在《人間》創刊號的中美混血兒報導刊登不久，一群在台灣學習中文、從事英語教學的黑人團體，從雜誌上得知賽珍珠基金會的事情，進一步邀請南西加入他們；南西前往聚會時，團體的熱心人士就從南西的中文名字諧音取了一個F開頭的暱稱。只是如今她再度受訪，依舊希望自己的身分完全保密，所以我繼續沿用《人間》的化名稱呼她南西。

因為膚色的關係，南西有著短暫的奇遇記，像是導演白景瑞在拍攝最後一部反共電影《日內瓦的黃昏》，南西充當臨時演員扮演飛機上的法國黑人乘客，與當時的知名演員秦祥林同場演出。南西說她在試鏡當天特別打扮得漂漂亮亮，結果導演一看見她就向一旁的化妝師說長得不夠黑，又將她的衣服換成非洲式的寬鬆衣服，讓她事後回想起來覺得又氣又好笑。

事隔三十年後，南西指著《人間》創刊號的照片，表示那是她最不快樂的一段日子，不但覺得自己長得像怪物，同學也不喜歡她，也體認到自己和別人不一樣。照片裡的她剛滿十八歲，頂著一頭蓬鬆的頭髮，看起來就像是美國影集裡的標準黑人女孩。隨著時光的移轉，南西好不容易將頭髮稍微弄直，大幅褪卻身為混血兒的色彩，三十年前後的影像與現實彷彿是完全不同的兩個人。「我朋友曾經看過我以前的照片，都說我真的要感謝發明離子燙的人。」即使如此，南西在娓娓述說自己的經歷時，前額依然有著藏不住的稀疏捲髮。

《人間》在一九八五年十一月創刊，於一九八九年九月以後停刊，僅僅只有不到四年的壽命，南西對於《人間》的印象只停留在一本做得非常精緻的雜誌，也沒想到它會倒閉得這麼快。作為《人間》創刊號關注的底層小人物之一，雜誌內頁影像定格住南西的母親、外婆，以及同母異父的弟弟喬治的黑白顯影，攝影者也剛好捕捉到這一家人都還在台灣的珍貴紀錄。報導的結尾是在一九八五年六月七日早上，這一天喬治搭乘飛機前往美國與收養家庭一起生活，《人間》的記者也在機場目送了整個過程。

喬治還在台灣求學時，參加校內田徑隊與各種體育競賽，然而課堂表現調皮又愛講話，早已被班級導師視為麻煩人物，成績單上除了體育是優等，其餘不是乙等就是丙等。喬治前往美國以後，從小學三年級開始就讀，短短時間內加入足球隊、打起爵士鼓、擔任體育助教，第一次轉寄給母親的成績單都是A或A+，還附上一面賽跑獎牌，美國老師寫下的評語是：「非常會利用上課時間」。

收養喬治的家庭，養父是公務員，養母則是護士，兩人都是白人背景，也有兩個自己的小孩，居住在華盛頓州。除了喬治之外，這一處家庭還收養了一對南韓姐妹花，以及一位同樣也是黑皮膚混血兒的越南男孩。期間喬治都有與台灣的原生家庭通信，隨信附上幾張日常生活的照片。寫信時英文偶爾還會拼錯，字跡顛三倒四，到了最後喬治幾乎忘記在台灣學到的中文，只會寫自己的中文名字。

喬治升上高中時，早上在學校修課，課後前往老人院幫忙煮大鍋飯賺取外快，足足存了三年的零用錢。因為不喜歡讀書，喬治在高中畢業後搬離收養家庭獨立生活，同時間南西正在台北的商業專科學校就讀進修部，母親依然在台中從事特種行業。有一天南西突然接到母親的電話，得知弟弟無預警地返回台灣；當喬治一下飛機，身上只有母親的聯絡電話，卻沒有台中母親家的地址，輾轉靠著一對善心夫妻的幫忙聯繫母親。「媽媽事後和我講，當她去接弟弟的時候，弟弟給了她一個很大的擁抱，然後說，非常感謝媽媽當時決定將他送往美國。」南西覺得，弟弟發自內心地了解到美國的環境才是真正適合他的。

只是母親當年與賽珍珠基金會洽談收養的事情時，背後引發了不小的家庭風暴，也牽扯出家人之間的複雜情感。南西說，母親一開始是打算將她與喬治一起送去美國，不過基金會考量到南西年近十八歲，其實已經不太可能有收養的機會。對於母親的決定，南西坦白當時的心情相當矛盾，一方面很高興沒有人要收養她，另一方面心裡又覺得：「為什麼媽媽不要我了？」

外婆也抱持著反對立場。其實喬治三歲時就送給別人，收養人是一位與黑人同居的原住民女性，表示很喜歡喬治。南西有時候會跑去收養家庭探望弟弟，喬治雖然會在門內回應，不過對方卻堅決不讓南西見他一面。事隔沒多久，母親不知道從何處得知喬治受虐，強硬要求對方開門後急忙帶著喬治去驗傷，才發現他的身體多處和屁股滿是燙痕。後來找了律師提告，對方也沒有出面開庭，法院最後判決將喬治還給母親。

因此不難理解，當外婆再次得知母親又準備將喬治交由別人收養，而且這一回還是遙遠又陌生的美國時，情緒氣憤到一時崩潰。「我外婆當時對著母親說，妳已經把孩子送給別人一次，然後看見別人又是如何對待妳的小孩，為什麼還要再送第二次？小時候妳怨恨我把妳送去給人當養女，那為什麼現在又要把妳的骨肉送給別人？」講到兩人的衝突場景，南西試著揣測母親內心的糾結，眼睛不禁泛起了淚光。

事情又得話說從頭。由於家境無法負擔，外婆在南西的母親還小的時候就將她送給別人當養女，導致母親終其一生與特種行業脫離不了關係。在南西的印象中，母親以前大概每兩個月回家一次，總是匆匆吃完午飯之後下午又走了，偶爾停下來看看南西的成績單責備了幾句話，除此之外沒有其他交流，因此南西從小就很害怕母親回來，彷彿母親只是負責把她生下來，然後丟給外婆照顧而已。

「我媽最早是在台北市中山北路的酒吧工作，哪裡美軍多就去哪裡生活。後來清泉崗基地變成越戰的補給站，所以我媽就跟著跑去台中的酒吧上班。」在南西的母親過著逐美軍而居的日子時，兩名混血兒也先後呱呱墜地。一九六七年十月，南西在台北出生，父親是美國空軍，父母交往幾個月後因為個性不合分手，母親在事後發現自己懷孕，即使前往台北的軍營尋找父親，得到的消息卻是對方已經離開台灣了。一九七四年五月，喬治在台中出生，父親是駐紮在清泉崗基地的美軍，在基地內部負責維修飛機，與母親同居了兩年，巧合地是當他返回美國時，母親也懷了喬治。

南西說，母親應該對喬治的父親是有感情的，即使知道喬治的父親在美國已經有家庭，也還是決定將喬治生下來，並且寫信告訴對方。「聽我外婆說，他有回信，還跟我媽說他很高興，然後我媽可能還滿懷希望吧，又寫信表示孩子生下來會寄照片給他看。等到生了娃娃，照片寄了過去就沒有消息了。」南西對於喬治的父親還有著很深刻的印象，因為喬治長得真的與他的爸爸一模一樣，但是也無法諒解為什麼對方狠得下心來拋棄母親以及自己的孩子。

「我常開玩笑說，在我弟還沒有出生之前，我過的是公主般的生活。」在南西最好的時光當中，台中的居家不但有彩色電視、大冰箱，冰箱裡面有美國大蘋果，以及她直到現在都還很愛吃的 M&M's 巧克力，過得相當舒適與優渥。母親前前後後換過好幾次 uncle，都是黑人大兵，在同居期間也不需要前往酒吧辛苦地賺錢。

南西事後從老照片看見一棵漂亮的耶誕樹，影像中的母親穿著旗袍，身上配戴各種漂亮的飾品，活像是那一個時代的大明星，當時一斤米大約兩元，母親一身的行頭要價五千元。母親偶爾提及往事，曾經驕傲地說當時的酒吧小姐們往往在耶誕節一個月前就會開始設想今年該如何打扮，彼此之間甚至勾心鬥角，保密不讓對方知道自己的穿著，直到耶誕節當天各個爭奇鬥豔，空氣中抹上一道新鮮新奇的色彩，彷彿這一天才是真正的過年。

但是在母親光彩的背後，卻是用身體的代價換來的。「我聽我外婆說在我之前，我媽好像已經拿掉八九個小孩了。」南西說，早期的墮胎屬於非法，無法前往醫院動手術，反而是去中藥行買一包墮胎藥服用。南西也聽外婆說，其實母親當初並不想生下她，因為父母之間根本沒有感情，可是南西在胎中怎麼樣也流不掉，同時外婆也不忍看見她為了拿掉小孩傷害身體，因此說服母親把南西生下來，由外婆負責照顧。

外婆也對於南西與喬治百般呵護，在母親外出工作時照顧姐弟倆的生活。小時候南西與外婆出去，引來鄰居小孩的嘲笑，外婆一定會上前生氣地與對方的父母理

南西、喬治、外婆合影

論。「我外婆的教育方式是，從小就讓我們知道自己是怎麼回事，儘管被別人欺負，外婆在事後也一定會跟我講：『妳只是長得和別人不一樣，但是並不代表妳有什麼錯，所以我們不需要接受別人的指指點點。』」直到今日，南西依然認為外婆是影響她最深的人，不過她也清楚地知道，外婆的全心奉獻其實是一種贖罪心態，藉以補償過去把母親送去給人當養女的愧疚。外婆最後在九十五歲高齡過世，但是南西隱約覺得母親對於外婆還是有所怨恨。

母親把台中的房子賣掉後，一家人搬回台北，開始過著拮据的日子，時間也接近七〇年代末期。南西提及母親好像非常討厭蔣經國，因為在他任內不但發生中美斷交，酒吧業的生意也越來越難做，所以覺得美軍不再來台灣一定和他有什麼關係。後來國民黨政府宣布進行十大建設，將港口列為重大的國家門面，母親又開始在台中、基隆、高雄的港口奔波，收入來源也從美軍轉變為外國船員。由於逐漸年老色衰，母親在酒吧從事簡單的調酒以及管理店內的吧女，最後漸漸退出特種行業，前往住家附近的工廠做工，又轉做清潔工直到六十五歲退休。

有一次南西前往基隆酒吧探望母親，才親眼見識到母親的工作環境：「我記得那時候是傍晚，慢慢有幾個外國船員進來了，看起來應該是南美洲那邊的吧，酒吧阿姨她們就陸續靠過去，坐在像咖啡店一樣的雙人座。其中一個船員一直盯著我看，阿姨在一旁解釋我不是這裡的小姐，不過勸阻無效。我就看到我媽在吧台的表情怪怪的，可是她又不好制止，直到阿姨順勢把自己的大腿抬過去，那個船員就開始摸，我才順利解圍。其實那個畫面讓我很震驚，剎那間才明白為什麼媽媽的工作很辛苦。」

這一家人直到現在都還有互相聯絡。喬治之後與一位白人女子結婚，直到第一個兒子出生時，南西才帶著母親前往美國拜訪，彼此使用簡單的英文溝通，也與喬治的養父母見面。喬治曾經短暫從事油漆裝潢，目前擔任採礦技術員，外加一個女兒還有妻子與前夫的兒子，總共扶養三個小孩。

南西與母親一樣未婚，如同許多台籍幹部的寫照，她曾經在上海、廣州的工廠擔任管理職務，之後又從中國大陸返回台北，目前在一間公司擔任小主管。每次到了新環境，同事偶爾會對她的外表充滿好奇，覺得她不像是台灣人，南西總是千篇一律地簡短回答：「我有一半混血，爸爸是黑人，但是我從小就跟著媽媽。」然後暗示對方不要再問下去了，因為她自認並不需要特別向別人解釋什麼。

談起對於父親的印象，南西輕描淡寫地表示：「如果混血兒有父親的照片，也有家人跟他講一些爸爸的事情，可能就會有尋找父親的想法。可是在我們家，父母沒有在一起很久，也沒有感情可言，家人無法交代父親的任何事情，也沒有照片可以依循。所以對我來說，我無從想像父親這個人。」至於喬治，南西相信弟弟的想法應該也和她一樣，也不曾過問身在美國的他是否有動過尋找父親的念頭，但是他至少有照片可以想像父親是什麼樣子。

時值中年，南西自認比較能理性地體會母親當年的心境，「我覺得我媽媽生下我，生下我弟弟，是她自己抉擇錯誤。」她緊接著說，母親可以選擇不生的。

Tony：闊別四十年的尋父之旅

二〇一四年十一月十九日，早在我與南西認識之前，這一天位於台北華山的音樂展演空間舉行了一場別具意義的演唱會。舞台上的主唱王湯尼背著吉他帶動氣氛，隨著所屬的搖滾樂團猴子飛行員給定的節拍劇烈地搖擺，底下的空間擠滿了各式各樣的歡呼人群。觀眾大部分以年輕人居多，也有中年人或是穿著襯衫或是屣著涼鞋入場，看起來就像是生平第一次參加搖滾演唱會的樣子，其中有不少人應該是王湯尼在台中家鄉的親朋好友。

演唱會熱熱鬧鬧地進行著。王湯尼唱起了〈京都之夜〉，他說這首歌他不曾公開唱過，當他的嗓音停留在「好久不見／親愛的孩子」這句歌詞時，外表開朗樂觀的他突然哽咽起來。緊接著的高潮是王湯尼的美軍父親走上舞台，與兒子一同合唱 John Denver 的〈Take Me

Home, Country Roads〉。這位年近七十歲的白人老翁身穿酒紅色的襯衫，一頭花白的鬍髭與頭髮，身形略微駝背地緊握著麥克風，開懷起來有著與王湯尼一模一樣的笑容。可能不如兒子一樣已經見識過各種大大小小的場合，他面對台下熱情的觀眾一時緊張忘記歌詞，不過絲毫無損父子久別重逢的歡唱時刻。只是兩個大男人的親情畫面，似乎缺少了一位女性。

王湯尼已經不只一次尋找父親了，如同其他的混血兒一樣，不但自己的歲數等同於父親的缺席時間，即使在探索的過程中有所眉目，也總是千迴百轉曲曲折折。如果幫王湯尼製作一份尋父事件簿，起點大概可以設定在一九九六年三月二十五日，這一天賽珍珠基金會台灣分會舉行募款記者會，傳達從明年開始將從美國總會自立的

王湯尼與父親和樂團成員合唱

消息，因此邀請了一群成年混血兒現身說法，包括當年的職籃明星鄭志龍，王湯尼也是其中的來賓之一。

王湯尼當年二十三歲，把握住媒體曝光的機會，慎重地對著記者說：「從我懂事，從我知道人人都有爸爸之後，我就決定一定要找到我的爸爸。」零星的資料顯示父親的名字叫做 William Dave Brown，美國肯塔基州人，來台灣之前在美國已婚，曾經在台南空軍基地服役，是隸屬於六二一四大隊的士官長。父親返回美國三天，王湯尼出生，定居日本的母親還記得父親當年叫她「菲菲」。事後賽珍珠基金會主動聯繫母子，安排一位美國認養人每月資助生活費，使得小時候的王湯尼一直誤以為認養人就是他爸爸。當時的歷史新聞片段有著以下的描寫：

> 對於洋娃娃的童年，王湯尼說，沒有誤入歧途是奇蹟，特殊的外表帶來的不是優遇而是歧視，還有「被遺棄」的感覺，幸好奶媽給他完全地呵護。尋找父親是他的夢想，站上記者會的講台，這個習慣在舞台上表演音樂的年輕人，此刻卻忍不住顫抖：「我只想找到他（父親），問問他：為什麼不來找我？這些年想過這個孩子嗎？」此外，他已別無所求[3]。

新聞見報不久，賽珍珠基金會收到一些熱心的回報，首先是一位吳姓人士提供一份肯塔基州所有姓名為 William Dave Brown 的聯絡清單，緊接著另一位僑居肯塔基州的宋姓人士也花費了一星期的時間打電話一一查問。然而這一項電話訪問的困難程度可想而知，光是名字與所在地，只要其中一項資訊錯誤都注定失敗收場；即使進一步假設母親的口述無誤，王湯尼的父親在前往台灣駐軍之前已經結婚，代表這段期間他依然有家室的機率非常高，就算打電話真正問到本人恐怕也不見得願意承認，反之如果父親真的有心並且毫無顧忌，那麼他前來台灣尋找母子不是更為容易嗎？

因此毫無意外地是，在兒子急切地尋找父親，以及種種跡象顯示父親因為個人因素無法尋找母子的矛盾之下，宋姓人士在打電話的過程中四處碰壁。同一時間，王湯尼也嘗試從母親留存的舊信封截角地址 P.O. Box 6334 Pasadena, TX 77506 著手，寄去了一封雙掛號信件，隨後信件又被退了回來，證實信箱的使用者已經退訂，也意味著所有的線索都中斷了。

在碩士論文寫作期間，我總共見過王湯尼三次面，進行了兩次訪談。第一次是在演唱會的一個星期前，當時他行程滿檔，在別處也接受其他電台及雜誌的專訪。第二次是在演

3 《聯合報》，〈越洋尋父／湯尼別無所求〉，一九九六年三月二十六日，〇五版。

唱會的當下。第三次則是在演唱會結束的半年之後，此時媒體的關注熱度也完全褪卻。兩次的訪談他總是一副俐落從容的裝扮，不過最讓我印象深刻的是，這位音樂人竟然在一位來路不明的研究生面前侃侃而談自己的父母，即使有時候越講越激動，但是言詞中絲毫沒有任何負面消極的情緒。如同猴子飛行員獲得金曲獎的專輯《Big Child》一樣，他是一位四十多歲的「大孩子」。

「我本來一直認為找到我父親並不難，卻總是卡在一些無形的事情上面。」王湯尼說，他在空軍服役期間曾經委託老教官致電台南空軍基地，試著詢問任何蛛絲馬跡，例如他是在一九七三年三月出生，以這個時間點往前回推三年，老教官找到這段期間駐紮在台南空軍基地的美軍是六一二四大隊。「我那個時候想像，假設以一個大隊的編制有一兩百個人好了，那麼名字叫做 William Dave Brown 的有幾個人，是不是就可以找出來了？」然而事與願違的是，軍方表示沒有相關資料，即使是軍隊名單也不可能輕易洩密給任何人。

所有的途徑都行不通，每一次的機會看似越滾越大，換來的全是失望，王湯尼也在四十歲那年感覺事情到此為止，只剩下母親留存的舊信封截角像是謎語一般留存在心底——Pasadena, TX（帕薩迪納，德州）。

一切戲劇性的進展發生在二〇一四年八月。王湯尼在律師邱彰的義務協助下，聯繫上曾經駐紮在台灣的美國大兵Rick，初步篩選全美國與父親同名同姓的退伍軍人，再從美國大兵的臉書社團交叉搜尋，整理出最後的名單。王湯尼說，當他看到其中一筆信箱號碼顯示為Pasadena, TX，就非常確定他找到了闊別整整四十年之久的父親。母親當初留下的地址意外指引一條出路，然而緊接著碰到的難題卻是幾通電話撥打過去，另一頭都沒有人接聽。

兩次的訪談都提到當時打電話聯絡不上，以及等待父親消息的那一漫長星期。王湯尼在回憶時，語氣明顯緩慢沈重下來，彷彿想追回事情發生前的心理狀態：「那是最難熬的時候。整個人失去時間的概念，整個人突然有點不知道在幹嘛。因為我那時候怕的是，有沒有可能找到了，現在要遇到的是下一題。在我的腦中就有幾百篇故事在轉了。有沒有可能父親知道我，可是他不想認我？」「我開始設想如果換作是我，父親怕的會是什麼？父親不回我的原因是什麼？我開始預測。四十年，搞不好他有家庭了，四十年前在台灣的一段往事，這個兒子竟然找來美國，他該怎麼面對？搞不好會怕我。」

所幸這一回的尋父之旅真的是最終章。對方在聽完答錄機的留言後回電給美國大兵Rick，希望王湯尼在隔天的同一時間再打電話過去。「第一次和他接觸時，我開始問一些蠻日常的問題，因為一定都有問號，到底是不是你？直到我們同時講出我媽媽的本名，彼此才確認對方的身分。找到父親的那一刻當然很感動很激動，可是我盡量抓在一個比較平淡愉快的狀態，而不是悲情的那一種。」隨即長久以來的謎題也真相大白：父親的確是肯塔基州人，曾經在德州住過一陣子，不過後來一直住在俄亥俄州。王湯尼成功找到父親的那一刻，也度過生平第一個父親節。

事後從王湯尼的口中得知，演唱會當天的〈京都之夜〉，以及與父親合唱的〈Take Me Home, Country Roads〉，兩首歌都與母親有所關係。前者是透過外婆的口述，描寫母親當初決定前往日本發展的心路歷程；後者則是母親在王湯尼小時候最喜歡播放的歌曲。王湯尼至今還有印象的美國熱門音樂包括〈Yesterday Once More〉、〈The End of The World〉、〈You Are My Sunshine〉。他說，這些美援時代的主旋律應該是父母當初一起聆聽的歌曲，也使得小時候的他有一處可以和父親連結的世界，更進一步影響自己往後的音樂路。

王湯尼的外公是外省軍人，外婆是本省人，母親算是半個外省第二代。外婆很早就與外公離異，遠嫁到日本。母親曾經在美軍俱樂部打工，輾轉認識王湯尼的父親，懷下孩子時年僅十八歲。訪問王湯尼時，有兩個數字不斷地在談話裡重複提起，也影響他這一生非常深：一、他是在父親返回美國三天之後出生；二、母親在他出生十三天後投靠外婆，前往日本發展，不久也與日本人結婚。此後王湯尼寄居在奶媽家，從小在台中市大雅路及五權路一帶的眷村長大，母親幾乎沒有支付過任何養育費用，然而奶媽依然將王湯尼視如己出。

「我讀幼稚園的時候，學號本來要繡『王湯尼』，一聽到就知道是外國名字，奶媽家開始擔心我會不會被別人欺負，因此向幼稚園改成『王東尼』，但是現在回想起來王東尼也是外國名字。」他平時稱呼奶媽為「婆婆」，也覺得婆婆比較像他的親生媽媽。後來婆婆過世，來不及見證他找到父親。至於母親長年旅居日本，在日本丈夫過世後依然單身，目前也年近六十歲。

演唱會結束後，我上網重新閱讀〈京都之夜〉的歌詞，從原始段落或可看出王湯尼對於母親設身處地的了解：「春去秋來／青春不再／無處歸根的花蕊。好久不見／親愛的孩子／卻離她最遠。當年編織／最美的夢／沒想到有殘缺。如今擁有／希望的一切／卻帶著虧欠。」

但是，王湯尼又提醒，〈京都之夜〉的最後一句歌詞是「這旅途從未改變／也許自己從不想改變」，他的結論是一切其實都是母親的選擇，提及遠在日本的母親也顯得有更多不滿：「有一次我媽隔了好幾年都沒有消息，臨時一通電話跟我外公說她要回來台灣，當下我非常開心呀，老媽要回來了，好久不見很想念她。結果她卻跟外公說她會帶日本男朋友回來，希望我可以避開，中間如果有碰到面就說我是舅舅的小孩。這件事情對我來說蠻有陰影的。於是我媽在外頭講話，我在房間裡面卻不能出來，已經好幾年沒見了，這一面居然是這樣的見法。」

另一方面，王湯尼也覺得母親對他有所隱瞞，雖然兩人相聚時的話題始終繞著父親打轉，但是每次得到的答案都不一樣。「我是到很後面才知道信封截角的事情，我第一次聽到時心裡是不舒服的。我會覺得，我媽選擇過她自己的生活，又把我放在奶媽那邊，又知道我從小到大都在找我爸，她又和我爸之間其實還有聯繫，可是為什麼中間問她所有問題她都不知道？」講到氣憤之處，王湯尼的語氣也猶豫起來，只能解釋或許父親已婚的事實曾經讓母親很受傷也不一定。

在第二次訪問王湯尼之前，我對於媒體大篇幅報導的最後一個記憶點是：王湯尼期許自己可以成為父母之間的溝通橋樑。等到再次與王湯尼見面，問他父母雙方的最新進展如何，他又認為自己不應該扮演中間人的角色，畢竟他的出現或多或少都已經造成雙方家庭的風波。「我不應該再讓這段歷史產生新的變數，我曾經有好好想過這件事情，如果我父母要在一起的話，當初應該就要解決了。」王湯尼說，父親留下一封信，希望他前往日本時再將信轉交給母親，不過他因為忙著錄音暫時無法成行。

王湯尼想像著，下次與父親聊到更深層時，應該是他前往美國找到一份普通的工作，寫一些在當地的際遇和心情，然後錄製成一張專輯，並且與老爸喝了一點酒，一起聊天。「我爸和我視訊的時候都在哭，因為他一直覺得對不起我，可是我就是不要這樣子。我一直跟我爸講，現在開始都不要去想了，不好的都是好的，就從我們見面這件事情開始吧，過去也不能改變什麼，現在開始想都是好的。」即使兩人之間還存有許多記憶黑盒子沒有解開，但是對於王湯尼來說，最艱難的時光已經過去了。

Elddy：美軍父親，日本母親

然而，全世界只有極少數的混血兒像王湯尼一樣幸運地找到美軍父親，更多的卻是像南西一樣絲毫不抱持可以找得到的希望，以及像林億利一樣拼命尋找也始終找不到的。

第一次打電話給林億利時，簡短在便條紙上抄寫他的音響店地址，電話另一頭渾厚的聲音說：「如果找不到攤位，你可以跟管理員說要找大鬍子，他們都認識我。」直到訪問當天前往台北市西寧市場，循著攤位號碼繞了一圈，不需要多久就找到林億利的工作室，空間內的矮櫃擺放著黑膠唱盤以及各種性能不一的真空管，一名白鬍鬚的年長者坐在後面的隔間，戴著眼鏡研究桌子上的零件，外貌有點神似《博物館驚魂夜》裡飾演美國總統羅斯福的羅賓威廉斯（Robin Williams）。室內音響流洩著古典音樂，偶爾有一兩名似乎是熟客的人走進來搖頭晃腦閒坐一下，不一會兒又突然消失蹤影。

「我開這個店，只要是陌生人第一次進來，頭一句話一定是你們美國人怎麼樣怎麼樣。我很為難，只要回答他，他就會沒完沒了一直問到底；我如果不回答，他又覺得很奇怪，又會一直問一直問，沒完沒了，一直到我受不了，我就嗆他不要再問了，你到底是來看音響還是來看我的？」林億利抱怨他的白種人輪廓如何造成他生活上的種種困擾，以及台灣社會對於長得不一樣的人沒有任何一點尊重。此時，又有一名客人從隔間門口探出頭來打斷談話，林億利用流暢的閩南語和他聊起真空管，在言談中時常夾雜英文和日文詞彙，似乎遠遠不只是膚色上的混血而已。

走進店內，很難不被牆上懸掛的一面美國國旗吸引住。好奇問他為什麼要在自己開的音響店掛美國國旗，他只簡單地說九一一事件當天人剛好在美國採購真空管，由於行李箱裝滿了電子零件，美國朋友擔心他會遭到海關的刁難，因此送給他一面美國國旗當作護身符。從他回答的語氣，彷彿這一面美國國旗不值一提，也與他的身份認同一點關係也沒有，但是在他試圖傳達的身世輪廓裡卻又與「美國」兩個字形影不離，並且帶有著非常複雜的意義。

林億利出生於一九五四年十月，已婚，育有兩個孩子一男一女，目前都已經出社會工作。林億利小時候在台南長大，對於「家」的最原始印象是台南美軍軍眷宿舍，他表示他的父親隸屬於美軍顧問團，駐紮在台南空軍基地，曾經駕駛飛機運送物資到南韓。如果林億利所說的為真，他的父親可說是第一批前來台灣的美軍顧問團成員，也與南西和王湯尼的父親有著相似的空軍背景。但是有別於南西和王湯尼正值中年，林億利已經年過六十歲；同樣地，也有別於他們是越戰期間誕生的混血兒，林億利嚴格來說是韓戰混血兒。

林億利與王湯尼一樣，從小到大都是由奶媽帶大，奶媽在他心目中的地位也等同於親生母親。奶媽是台南佳里人，本來是美軍父親聘雇的傭人，後來林億利的父親失蹤，母親離家出走，奶媽在這一家人遭逢變故時伸出援手，苦苦哀求幼稚園的修女將孩子轉手讓她收養。起初修女不同意，認為奶媽沒有謀生能力，但是最後因為孩子的歸

林億利與他的音響工作室

屬問題始終懸而未決，才同意奶媽將林億利帶走。奶媽出生於一九二三年，為了扶養林億利到處幫傭，一生未婚也已經過世，林億利稱呼她「媽咪」，也認為她是全世界最好的奶媽。

林億利說，他的父母都還在台灣時，他的年紀還非常小，因此對於父母以及身世的所有理解都來自奶媽事後的口述。曾經有記者想將他的經歷拍成電影，事後卻不了了之，但無可否認的是，由他的身世所鋪陳出來的想像空間彷彿如科幻電影般讓人目不轉睛。

林億利的母親是日本人，家族在日本殖民時期於台南經營布莊；戰後日本投降，家人收掉店面加入歸國行列，卻也不知何故只留下女兒一人。根據爭議極大的《灣生回家》記載，在戰後所有日本人都遣送回國的背景下，灣生（以及日本人）還能定居台灣的唯一方法只有嫁給當地人，以及將自己喬裝成農婦和啞巴[4]，然而林億利的母親卻是憑藉著一名叫做Edward Goldsby的美國大兵安排她到台南空軍基地擔任總機，如此一來國民黨政府也對於如同租界區的美軍基地沒有干涉的餘地。兩人開始交往、同居，最後生下林億利。

由於Edward Goldsby當時在美國已經有家庭，因此兩人並沒有結婚，如果他再次結婚也將犯下重婚罪。因此他曾經聽取律師的建議，打算利用法律的方式「收養」林億利，同時也可以繼續維持和日本情人的伴侶關係。

只是計畫趕不上變化，父親在一次的任務出勤後再也沒有回來過，母親某天也前往幼稚園，表示她臨時有事要去一趟日本，隨即塞了一些美元請託修女照顧孩子，此後也與父親一樣無消無息。林億利頓失雙親，由於父母都是外國人，沒有戶籍與國籍的他更成為沒有任何身分姓名的幽靈人口。

後來美國教會學校舉行募款，派遣一名修女帶著年幼的林億利前往日本尋找母親——雖然林億利也無法說明修女如何知道母親住在哪裡，很可能是教會學校留有與母親書信往來的通訊地址；以及，林億利當時在沒有戶籍與國籍的情況之下到底又是如何從台灣搭乘飛機到日本尋親？他只依稀記得母親叫做「雪子」，與修女抵達日本的那天也飄著雪。

「後來靠著當地警察局的指點，我們最後找到了地點敲了門，然後看見開門的就是我媽媽嘛，我馬上就叫了她一聲，結果她死不承認，我們也只好心不甘情不願地離開了。臨走前又經過警察局，日本警察一問之下聽完我們的遭遇，反而氣憤地領著我們去找母親談判，才知道她在日本已經結婚了，也有小孩，先生還是稍微有頭有臉的人物。」林億利說，母親最後只好寫下一張具有法律效力的文件，再假借她先生的名義委由修女返回台灣登錄戶口。

林億利還清楚記得母親丈夫的姓名叫做「林芹秀」，因此他冠上了林姓；修女又將他

4 田中實加（二〇一五），《灣生回家》，頁一〇八～一一五。

小時候的乳名 Elddy 直翻成中文名字「億利」，兩相拼湊之下姓名都有了。從此林億利也就以這一個在表面上絲毫看不出來，但實際上卻是美日混血的名字在台灣生活。

種種因素或許也解釋了，由於父親可能因為駐軍輪調導致下落不明，林億利在心態上比較可以原諒父親；但是面對母親的惡意遺棄，即使千里迢迢飛去日本卻遭到母親直接否認有他這個孩子，也使得林億利始終無法釋懷。也因為對於母親的失望，林億利轉向認同父親，更強烈渴望再次見到父親一面。

八〇年代接近尾聲時，兩岸開放大陸探親，此時林億利年過三十歲，他從電視新聞看到相隔四十年之久的親人紛紛透過紅十字會順利團聚，感動之餘也間接燃起塵封已久的尋父希望。他先是寫了一封信到紅十字會，對方表示會將信件轉寄給美國總部，結果等了一年多才盼到回信，內容只簡短說明他們無能為力，讓林億利失望透頂。

「我後來前往美國在台協會，結果承辦人員說我不是美國公民，他們無法幫忙。緊接著我又寫信到美國退伍軍人總署，他們也不鳥我，僅僅蓋了一個章表示他們有看過，然後簡單幾個字註明：我們對你的事情感到很抱歉，因為年代久遠我們沒有辦法查到。真的很扯。」林億利的疑惑在於，父親身為一名美軍，退伍後應該領有退休俸；既然領有退休俸，就一定留有紀錄，可是為什麼軍方一直不肯幫忙？

官方的管道行不通，但是人海茫茫，不知道父親應該從何找起，林億利聽從朋友的意見試著廣泛接觸人群，不過採取的方式並不是參加派對或者是找立法委員幫忙，而是必須符合他的社會條件與經濟狀況：開計程車。林億利說，他有一段時間兼職兩份工作，過著早上修理音響，夜晚當運將的日子，後者更有著尋找父親的成分。直到有一天他偶然載到一名女記者，對方聽完他的故事以後建議他可以聯絡賽珍珠基金會，隨即付錢下車；林億利也立刻找了一間公共電話亭投幣查號，也意外成為他與基金會接觸的開端。

「這是我老爸，帥吧！」林億利起身從櫃子裡取出一只老舊開了口的牛皮紙袋，此時又有熟客走進音響店串門子，他也順手將僅有的一張全家福拿給客人觀看，似乎也想印證他天花亂墜了這麼久並

林億利的全家福

不是在吹牛。全家福裡的白人男性穿著便服頭髮微禿，身旁的亞洲女性看起來視覺年紀略大，端莊地抱著還懵懂無知的孩子，完全料想不到影像裡的三人再也無法重逢。

牛皮紙袋也像是時光寶盒，保留著一串林億利小時候的棕色頭髮，以及孩提時期的他與奶媽的老照片，還有父親在軍隊裡的生活照。也有幾份泛黃的英文打字稿和翻譯成中文的手寫稿，內容主要是林億利透過賽珍珠基金會與一位美國認養人的通信。

這位熱心的美國認養人在一間航空公司工作，表示願意幫忙林億利尋找父親，於是先從美國社會安全局（Social Security Administration）的電腦死亡名單調查，確認沒有 Edward Goldsby 的名字，表示他很可能還活在世上。緊接著又從全美國電話索引羅列出姓名一模一樣的人，一一打電話過去詢問。

另一方面，這位美國認養人也從國家檔案開始著手。文件當中有一份來自美國服役人員紀錄中心（National Personnel Records Center）的信函標誌於一九九一年十月二十二日，內容提及存放資料的大樓曾經在一九七三年七月十二日發生大火，導致一九一二年至一九六〇年之間退役的陸軍檔案毀損了百分之八十、一九四七年至一九六四年之間退役的空軍外加姓氏順序介於 Hubbard 到 Z 之間的檔案也毀損了百分之七十五。承辦人員在信上表示不確定 Edward Goldsby 的文件是否也蒸發於這場火災中，只能將這名軍人僅有的資料列在另一頁表格，然而絕大部分的欄位包括最後的死亡證明都顯示為查無資訊。

根據林億利提供的檔案[5]，這一名不確定是否為林億利父親的 Edward Goldsby 有著兩段服役紀錄，第一次是從一九四一年五月至一九四五年九月，在家鄉蒙大拿州米蘇拉縣收到徵召，分發到猶他州的道格拉斯堡，時間點大致涵蓋美國介入第二次世界大戰直至終戰尾聲。但是神秘之處卻在沒有入伍時間的第二次：Edward Goldsby 從馬里蘭州的喬治米德堡調往某一處不知名的地方，直到一九五五年二月退伍回到東米蘇拉縣，只能從時間點猜測這道人事命令或許與韓戰有關。

如果這一名 Edward Goldsby 真的是林億利的父親，當他退伍返回美國時，林億利也才四個月大，算是稍微勉強符合條件範圍內；只是從這一名 Edward Goldsby 的軍階 Sergeant First Class 判斷，他似乎是陸軍出身，又與林億利從小到大對於父親開著飛機的印象相去甚遠。

總之，林億利的尋父之旅有了重大的突破。協助林億利的美國認養人打了好幾通電話後，依照檔案指引的蒙大拿州東米蘇拉縣，終於找到 Edward Goldsby 的遠親。對方表示已

5　參見附錄二：美國服役人員中心檔案（Edward Goldsby）。

經三十年沒看過他，最後一次得知的消息是他搬去德國，此外他在美國生下兩個小孩，分別叫做 Tomas 和 Jerry。美國認養人在寄給林億利的信上說明雖然電話簿上沒有這兩個人的名字，不過會從這一方向繼續找下去。

從林億利提供的書信資料裡，事情的發展就停格在 Edward Goldsby 的蒙大拿遠親以及兩個孩子。「當時聽到這個消息以後，我興奮到不能睡覺，竟然還有人認識他，我那時候甚至衝動到想飛去美國。賽珍珠基金會前主任馮阿姨勸我不要這麼急，畢竟事情還沒有明朗化，去了也沒用。」林億利接續著說，語氣突然平和了下來：「後來，好像是過了幾個星期吧，突然又有一封信寄來，也是我收到的最後一封了。內容提到有找到我父親，就像照片裡那麼一個樣子的軍人，可是已經過世了。我本來執意想去看他的墳墓，經過很多人的勸說後還是放棄了。就算他真的是我父親好了，看見他躺在那邊冷冰冰的已經變成白骨，然後又怎樣？我還是叫不到他一聲爸爸。」

林億利拿出打火機點燃起一根菸。他說，如果真的還可以找到父親，見面時一定先甩父親一個巴掌，然後再給父親一個緊緊的擁抱。一說到這，他吸了一口菸，搖了一搖頭，菸霧繚繞：「算一算，我目前已經六十多歲，我老爸應該也超過一百歲了，幾乎不可能活在這個世界上了。完全死了心了。」

Michael：達觀村與卓蘭鎮的小黑

二〇一六年五月，電視新聞又出現了一則與美軍有關的跨國尋人啟事，不過這一回不再是混血兒想尋找美軍父親，反而是美軍父親想找回他的兒子以及過往的台灣情人。新聞畫面公布一張非裔美軍與頭巾女郎的合照，知名主播沈春華播報著以下的導言：

有一名美軍的退役軍人 Harvey Woods，他在一九六六年越戰期間派駐到台灣的清泉崗空軍基地，結果當時和一名台灣的女子相戀，兩個人還生下了一名男孩。不過兩個人相識的隔年，Harvey 就已經被調回美國，從此他和自己在台灣的戀人通過了幾次書信，由於沒有留下她的確切名字，Harvey 難以找到當年的這位情人，而現在他在美國的女兒公布了父親和台灣女子的照片，希望能夠讓已經年邁的父親再見一眼過去的戀人，以及自己從未謀面的兒子。

只要反覆觀看新聞片段，大概會覺得整起故事有點奇怪。假如雙方當時還有信件往來，即使沒有女方的名字，那麼男方只要循著通訊地址再次飛往台中，所有事情不就解決了嗎？

好奇之下，我上網瀏覽 Harvey Woods 的女兒在臉書開設的粉絲專頁「兒子你到底在哪裡」，才知道 Harvey 可能面臨著與王湯尼相似的困境。頭巾女郎的暱稱叫做 Kiko，中文名字的音譯可能是 Ming Ying-Chi 或者 Chi Ming-Ying，至於 Harvey 的故事大致是這樣的：他在清泉崗基地服役期間與 Kiko 同居，隔年又重新調回美國，兩人分手前 Harvey 得知 Kiko 懷有身孕。返回美國不久後他收到 Kiko 的來信，並且在第二封信函上得知她生下一個男嬰，只是故事隨即急轉直下，Harvey 的母親暗中燒毀兩人之間的通信，導致所有的線索只剩下一張黑白合照。

相較之下，王湯尼保有母親留下來的舊信封地址截角，林億利還有父親的名字可供追索。如果 Harvey 的回憶屬實，他可能一點頭緒也沒有。

由於覺得或許可以幫得上忙，我打開之前在賽珍珠基金會建立的檔案一筆一筆搜尋，不過沒有一項關鍵條件吻合。我想起南西一家人曾經居住在清泉崗基地一帶，於是傳訊詢問她是否有認識符合上述情形的混血兒。不過南西似乎誤會我的意思，僅回訊表示照片上的 Kiko 不是她母親，弟弟喬治更是在七〇年代以後出生的。

同一時間，邱漢忠也碰到相同的誤會。電視上的尋人啟事很快地發送到苗栗卓蘭，某天他一回到老家就得到朋友的關切：「小黑，聽說你爸跑來找你呀？」他的妻子隨即上網查詢新聞，也同樣找到 Harvey 的女兒開設的臉書專頁，「我後來把上面的照片拿給我阿姨看，問她這黑人是不是我父親，她回答不是，然後旁邊的女生也不是我媽。」

邱漢忠是在一九七六年三月出生，整整是 Harvey 離開台灣後的十年。他有一個英文名字 Michael，純粹是因為小時候的偶像是麥克傑克森（Michael Jackson）。他時常因為黝黑的臉孔和鬈髮引來側目，不過一篇歷史新聞以奇聞軼事的方式記錄他當兵時曾經擔任籃球聯誼賽的啦啦隊隊長，可說是同儕間的開心果[6]。

「以前我聽馮阿姨說，有一個黑皮膚的女生，長大後因為沒辦法接受自己是黑人的事實，後來就死掉了——不知道是發瘋還是自殺。雖然我不認為自己是黑人，然而每當我照鏡子時才意識到自己的膚色，所以我沒辦法在鏡子前觀看我自己，一直很沒有自信，不過現在稍微好一點。」與他相約見面前，邱漢忠正逢繼父過世，一邊在美國舊金山旅遊散心，一邊也思索著要找到父親。他想起阿姨提及父母曾經有一段戀情，後來因為母親疑似偷取父親的財物導致雙方決裂走上法庭。於是從美國返台後，他前往台中地方法院填寫調閱單，試圖找出當年控告母親偷竊的人叫什麼名字。

6 《聯合報》，〈中美混血兒當兵／萬綠叢中一點黑〉，一九九六年六月九日，〇九版。

法院刑事判決書在一個月以後意外地被找到了，一張一九七五年五月的犯罪事實反而成為重要的家庭史切片。一名十七歲的達觀村泰雅族少女趁著美軍亞倫上班之際，結夥兩名女生闖入台中市中清路一〇一巷五弄十五號，偷取兩個電唱機喇叭、四條地毯以及一條電毯，變賣得手新台幣四千六百元。

達觀村少女在偵訊時坦承犯行，但也控訴同居的美軍對她置之不理：「我與他同居，沒有任何代價，連零用錢也不給，我和他吵架，有告訴他不給錢要拿他東西去賣。」

法院最後判決達觀村少女有期徒刑六個月，緩刑二年，期間交付保護管束，理由是：「查被告林香玉自幼生長山地，國中一年級肄業即到外謀生，因虛榮心理作祟，加上物慾引誘，而與美軍同居，在此期間其同居人竟分文未給，一時氣憤致觸刑章，衡情不無可憫。」判決書的開頭詳細列出達觀村少女的出生年月日、身分證字號、住家地址，以及她的職業：「業無」。因此在檢察官的認知裡，與美軍同居完全稱不上是什麼正當職業。

即使找到了父親當年控告母親的判決書，邱漢忠依然感到失望，因為內文裡提到美軍被害人亞倫時是使用音譯，所以他還是無從得知父親的英文全名，而且檢查官對於母親的描述也明顯帶有著歧視的眼光。

原本在判決書裡看起來敢愛敢恨的達觀村少女，如今卻長年待在病房，無法完整敘說自己的少女心事。「我曾經在醫院問我媽，想知道她以前在台中是做什麼的，她只斷斷續續地回答與縫紉有關的字句，也還說她曾經前往清泉崗營區送便當，可能因此認識美軍。可是我也聽我的警察舅舅說，她在美軍俱樂部擔任酒吧女，當時我媽很漂亮，所以很多人點她的酒。」也因此，邱漢忠對於母親的過去也沒有太大的把握，只稍微知道父親亞倫是清泉崗基地內的彈藥庫兵種，

彷彿是 Kiko 與 Harvey 的疊影，達觀村少女與亞倫也住在公寓裡，同一處空間還有她的朋友與另一位非裔美軍一起生活。但是在兩年的同居期間內，達觀村少女先後懷孕三四次都使用墮胎藥流產，直到懷了邱漢忠之後決定留住孩子，或許也因此招致亞倫暴力相向，甚至不再支付生活費用。

父母關係生變後，外公將母親接回村子，旋即發現母親懷孕。時值越戰結束，美軍開始陸續撤離台灣，等到外公企圖前往高雄找人，亞倫早已搭上船不知去向。外公不想讓全村的人知道自己的女兒未婚生子，因此強迫母親嫁給在卓蘭鎮務農的客家人。

母親與繼父相差十歲，生下邱漢忠時年僅十八歲。不難想像，繼父在目睹出生的男嬰是黑皮膚混血兒後會是什麼樣的表情。同時，母親也逐漸進入瘋狂的狀態。

「我媽信仰基督教，她無法接受客家文化，例如她堅持不要拿香拜拜，於是就被我爺

爺強迫。另外就是未婚生子，而且還生下一個黑人，置身在當時的保守年代，我想精神壓力應該是很大。」邱漢忠若有所思地提到，小時候他看見母親拿著一整袋針筒施打注射，長大後他才明白針筒內裝的是速賜康（Pentazocine），很可能是母親在美軍俱樂部工作時就習慣使用的藥物。

邱漢忠的童年幾乎在雙方的拉鋸下渡過。母親先是帶著他離家出走返回達觀村，數天後繼父又強行帶他回卓蘭鎮，黑皮膚混血兒的誕生在一來一往的反覆下演變成兩村都知道的秘密。最後繼父選擇妥協，母親也已經精神錯亂，直到有一天達觀教會的神父發現一名女性背著黑人小孩四處亂跑，認定長久下來將對孩子產生不良的影響，因此決定聯繫台北的賽珍珠基金會。

直到現在馮阿姨還印象深刻的是，當年她與另

邱漢忠幼年

一個社工前往卓蘭鎮家訪，還得由神父開著老爺車喀噔喀噔地爬上山。兩個社工在車上提心弔膽地望著非常危險的山路，幾乎跋山涉水一整天才抵達目的地。

兩個月後，邱漢忠的故事與照片被刊登在美國賽珍珠基金會的會訊，成為台灣分會的代表案例。內容提及儘管村里之間已經習慣母子的存在，不過更大的難題顯然還在後頭：

如同其他孩子一樣，他就讀的學校在另一個村落，離家四公里遠。令人悲傷的是，他不為同儕所接受，只因為他長得很不一樣。他試圖逃離其他人帶有偏見的眼光，因此很快地便輟學。他急切地需要援助，不僅僅是衣服和食物，而是家庭、愛與鼓勵。我們希望此時伸出援手改變他的人生，一切都還為時未晚。

原本賽珍珠基金會計畫將邱漢忠送往美國，但是遭到繼父否決，只因為他認為孩子送去美國後就不會講客家話，於是基金會只能將邱漢忠轉介到福安育幼院，在台北重讀國小一年級，直到國中才返回卓蘭鎮與繼父住在一起。事後回憶起來，即使養育他長大的繼父已經過世，邱漢忠依然覺得繼父不讓他去美國的決定影響了他一輩子的命運。

另一方面，母親在發瘋以後由外婆照料，早期還認識自己的家人，卻完全不認得邱漢忠，等到外公與外婆相繼過世後，家族才將母親送往精神病院。「我曾聽我繼父說，我媽後來燒掉我爸的照片，可能還有書信。或許是因為很傷心，她一直燒，全部都燒光光了。」從舉動或許可以隱約判斷，母親比較懷念從前的美軍情人，只是過往的情感創傷使得她無法接受自己的兒子是混血兒，並且說出父親的名字。

繼父已經在二〇一六年過世，邱漢忠現在偶爾一想到病情時好時壞的母親，就會前往精神病院探望她。「有一次我去找我媽的時候，護士藉機指著我問她說『他是妳的誰』，她又突然認出我是她兒子。可是當護士繼續追問為什麼會有一個黑人兒子，她又不知道該如何回答。」面對母親的強迫性失憶，個性溫和的他偶爾也流露出不滿的情緒，尤其想起自己也有了歲數，卻還不知道爸爸是誰。他若有所思地說，假如母親願意透露實情，萬一真的找到父親了，或許他會願意將母親接回美國，讓母親接受更深層的治療也不一定。

邱漢忠擔任過電視台的燈光師，曾經在水湳機場協拍李安的電影《少年 PI 的奇幻旅程》，也就在那裡聽著在地人士描述當年美軍都在哪裡出沒。為了理解父親，他細數著美軍在台灣的足跡，包括中山北路、晴光市場，還有母親的上班地點台中五權路。一談到這，我也隨即拿出紙條，寫下「美軍足跡館」五個字，推薦他有機會一定要進去清泉崗基地裡看看。

「我還是希望可以找到生父，因為我很想知道他是誰，也很想了解他。很想知道他為什麼當時這樣對待我媽媽，把我媽害得那麼慘。我也很想替我媽討一個公道，因為他把一個女生害成這樣子，等於同時害了兩個人。」邱漢忠說，為了找到父親，有一天他也要效法 Harvey 的女兒，寫下自己的身世背景，將母親的照片上傳到網路，然後將這段美軍往事散播到世界各地去。

生命歷程之重

再次碰面時，南西提到以前媽媽們在美軍俱樂部都是自己取英文名字，每換一間店就換上另一個代碼，吧女之間也不知道同事的中文姓名。或許她們認為有朝一日將脫離這個環境，所以都不希望別人知道她們的過去。

南西說，有一次母親搭公車遇見以前的姐妹淘，一問之下才得知對方在教會裡擔任打掃阿姨。即使兩人之間有著共同的職場回憶，但是公車上的互動也就點到為止，之後也沒有再聯繫。因此，大家都是逢場作戲，戲演完了就隱姓埋名，各自回歸日常生活。

當時我還沒領會到南西的言外之意，反而詢問她之後是否也可以訪問她的母親呢？坐在咖啡桌前的她猶豫了許久，才勉強答應可以代為詢問。等到一個月後快接近母親節，本來以為她已經忘記了，卻收到一則她的簡訊：「很抱歉，我沒跟我媽媽提，因為我想這對她來說是不願再回想的過去，我不想再讓她難過。也祝福你未來有好的發展。」我回覆預祝她母親節快樂之外，也表達如果要重述自身經驗，除非母親已經坦然面對，不然那不是卸下生命歷程之重，反倒是另一種暴力。

不過南西提供了另一個故事。她還記得，曾經有一位白人美軍為了挽回女兒飛來台灣，不但指導賽珍珠基金會的混血兒學習英文，還靠著推銷酒品謀生。他的女兒一頭金髮，長得非常漂亮，當年與其他女生一同參加美國學校的耶誕節活動，應該是一群來自烏來的原住民孩子。父親看見女兒時顯得非常高興，女兒卻始終躲著父親，即使收下父親準備的禮物也沒有浮現任何表情。最後，這位美軍父親只教了兩個月的英文，人就消失不見了。

金髮女兒對於美軍父親不理不睬這件事，對照王湯尼、林億利、邱漢忠的尋父紀事，帶來的另一個潛在問題是：為什麼都是男性混血兒急切地尋找父親，女性混血兒則是不然？

因此循著南西提供的線索以及馮阿姨的牽線，我幸運地聯繫到烏來的一位白皮膚女性混血兒，也從她的口中間接證實，美軍父親為了金髮女兒前來台灣教英文和販賣酒品是真有其人其事。我進一步訪談這位白皮膚混血兒與她母親的生命歷程，然而事與願違的是，在訪談結束數個月後向她再次求證一些細節，她又拒絕我以任何形式記錄她的故事。

在氣餒之餘，我想起訪談時曾經問到，為什麼媽媽們都不肯透露關於美軍父親的隻字片語？她直白地說了這麼一句話：「這在她們內心裡是一個枷鎖，一個無法用鑰匙開啟的一段記憶，我想這是她們在我們面前留下來的最後尊嚴。」或許不論是對於混血兒還是母親而言，這都是家庭史裡最不堪的一面吧。

至於女性混血兒是否真的都對於美軍父親無動於衷？在賽珍珠基金會的檔案裡，也出現過女性混血兒曾來信表示想尋找父親的紀錄，因而也沒有準確的論斷。只能說相較於男性混血兒，女性混血兒更願意同情母親，也比較無法原諒不負責任的父親。

或許最讓我好奇的反而是金髮女兒的美軍父親。當他拿著粉筆站在黑板前幫混血兒補習英文，當他置身於混血兒齊聚一堂的耶誕節聚會，代表退役美軍的他內心又是什麼樣的感想呢？

賽珍珠基金會的開案檔案上，邱漢忠七歲，南西未滿一歲，王湯尼才剛出生九天，林億利帶著他的兩個孩子加入基金會時已經三十七歲了。他們除了膚色與性別的差異外大致有四處共通點：其一是父不詳，其二是母親的職業相近，其三是他們的背後幾乎都有一位偉大的外婆或奶媽，其四是他們對於自己身世的理解都是從親戚的口述拼湊出來的。

他們的出生年大致介於一九五五年至一九七五年，年齡的差異取決於美軍父親是在韓戰還是越戰期間前來台灣。他們從小雙親缺席，都由外婆或奶媽帶大，母親的族群背景涵蓋本省人、外省人、泰雅族與日本人，工作地點從美軍俱樂部一直延伸到美軍基地內部。

他們各自的家庭背景在某種程度上也涵蓋混血兒的群體特徵。南西與喬治是同父異母的姐弟，出身自隔代教養家庭。喬治從小由美國家庭收養，至於養育王湯尼和林億利的奶媽也與他們沒有任何血緣關係。邱漢忠的母親在年輕時從山區部落前往都市謀求工作機會，在生下混血兒不久嫁給他人，不過兩者的結合因為混血兒的存在產生不小的家庭張力。南西與喬治認同母親，沒有意願尋找父親；林億利無法認同母親，卻找不到父親；王湯尼的母親最後遠走他鄉，而他也如願以償找到父親；邱漢忠心疼母親的遭遇，也希望有生之年見到父親一面。

南西和林億利，以及拒絕我寫下她身世的白皮膚混血兒，在受訪時都不約而同地表明，他們之所以願意受訪，是因為他們將生命經歷的分享視為一種可以回饋基金會的方式。雖然南西、王湯尼、林億利、邱漢忠彼此並不認識，不過他們都先後與基金會產生或深或淺的連結。

南西曾說，當時基金會的社工從各個醫院、產婆、密醫開始探聽，詢問他們有沒有接生過類似的混血兒，最後循線來到她的外婆家拜訪，而外婆也在完全不認識對方來歷的情形下讓南西加入基金會。南西從此也與基金會有著密切的關係，更曾經在組織內部任職。

賽珍珠基金會還保存著一張南西親筆寫下的卡片，上面寫著：「每年耶誕節聚會時，看到好多位孩子上台領獎學金，聽到他們優異的表現，內心亦深感與有榮焉，但也不忘告訴自己，該像他們同樣努力，有時也會聽到一些孩子不幸的遭遇，內心總很難過，在這兒我很想告訴那些徘徊在路口的朋友們，只要你願意，基金會的門永遠敞開，因為這是個有愛的地方。」

小時候南西在學校經常被同學嘲笑、拉扯辮子，弟弟喬治也容易受到挑釁打起群架，因此姐弟倆都會期待一年一度的美國學校耶誕節活動，一方面期待美國認養人寄來的禮物，另一方面也藉著難得的機會認識其他混血兒。

南西曾說，每年直到耶誕節這一天才會覺得自己來對了地方，因為這裡有一群與她有著相同遭遇的孩子。邱漢忠在福安育幼院期間，只要一收到耶誕節邀請函就會參加美國學校的聚會，直到有一天院方不再允許孩童請假外出為止。至於從小住在台中眷村的王湯尼無法北上參加耶誕節活動，不過每逢過年過節都會收到從基金會寄來的玩具和卡片。

林億利至今都還是耶誕節活動的常客，在聚會當天與其他中年混血兒坐在同一桌，然而四周都已經換上新移民子女以及外籍媽媽的臉孔。林億利說，基金會就像混血兒們的避風港，只是幾年下來許多混血兒結婚的結婚，工作的工作，覺得再繼續麻煩基金會也沒有什麼用，也就漸漸不再出席了。

林億利在感受到情緒低落時，總是在紙上拼命寫著無數個「佛」字，直到手酸寫不下去為止，並且鼓勵他的兒女也這麼做。在他的詮釋裡，人要成佛以前，必定得走過那彎彎曲曲如同弓字型的道路，最後才可能得道尋求解脫。

或許林億利的尋父之旅注定是一條生不逢時的路。即便他握有父親的英文全名，但是他的成長年代尚未有網路，尋找父親的方式只能在美國漫無目的地刊登尋人啟事，又或是砸下重金聘請私人偵探協助。他在得知基金會的存在時也已經接近中年，因此他不像其他混血兒一樣接受過補助，反而兩個孩子因為是混血兒第二代而曾經獲得基金會的獎學金。

提及兩個孩子是否了解他的過去？林億利回答：「他們不知道就好了，這件事情到此為止，他們知道的話就會繼續流傳下去。我想我的孩子將來一定也會遇到相同的情境，像是有人對他好奇，想探問他的隱私和過去，這樣我受到的歧視是不是又要再重演一次？」林億利認為他的身世是一段不光榮的往事，因此他的兩個孩子也對於美國祖父與日本祖母一無所知。

同樣想讓生命史終結於自身的願望也發生在南西身上，尤其當她看見另一位黑皮膚混血兒的遭遇以後，決定從此不婚。「我朋友生有兩個小孩，一個膚色看不出來，一個膚色看得出來。當她帶著黑皮膚的孩子前往幼稚園，好幾次還沒有走到門口，小孩就對她說，媽媽，妳送我到這裡就好，我可以自己走進去。當時她只是覺得納悶，有一次就決定與小孩一起走進幼稚園，想知道為什麼她的孩子不讓她陪，結果發現裡面很多小孩都盯著她看。當下她忍住眼淚，覺得已經過了這麼多年了，以為不存在的事情它依然存在，更沒想到她的孩子也在意媽媽的膚色。」南西提及她的朋友之後離婚，也因為一些私人問題諮詢過精神科醫生。

混血兒各自也有不一樣的際遇。南西待在台灣與母親相依為命，喬治在美國建立自己的家庭，姐弟兩人走上截然不同的人生道路。王湯尼的生命歷程從台灣伸展到美國，夢想著有一天可以帶著樂團前往紐約巡迴表演。林億利的父母生死未卜，很可能都不在世上了，只有音響店內的美國國旗依舊。邱漢忠在扶養母親之餘，尋父之旅可能正要開始。至於母親們腦海裡縈繞的青春美麗歲月，也將隨著時間風化褪卻。

第二章

過去與過不去的身與影：美軍、台灣情人與混血兒的面貌

孩子是無辜的。他們的存在，是國際政治、軍事因素的一個結果。但孩子的成長，與他們的親人，周圍的人都是息息相關的。基金會只是盡一點力給他們一些關懷照顧，而他們更需要的是來自父母家庭的愛[1]。

——前賽珍珠基金會主任馮閑妹

那個孤兒院裡有一個比我小兩歲的孩子。是和黑人的混血兒。和青森縣三澤一帶的空軍基地的軍人所生的孩子。母親不知道是誰，大概是妓女或酒吧女之類的。出生不久就被母親拋棄，被送到那裡去。體格比我高大，不過頭腦相當遲鈍。當然經常被旁邊的人欺負。何況膚色也不同啊。這種情況妳知道嗎[2]？

——村上春樹，《1Q84》

1 引自《人間》創刊號（1985 年 11 月），頁 97。

2 引自村上春樹（2009），《1Q84 Book2》，頁 276。

尋找混血兒

「您好，我們是賽珍珠基金會的工作人員。賽珍珠是一位獲得諾貝爾文學獎的女作家，也非常有愛心。她在美國創立輔導混血兒的基金會，自己也收養了十幾個南韓孩子，然後她發現亞洲地區有很多美軍，而美軍所到之處都會產生同樣的混血兒。現在她的基金會在我們國家成立分會，想要輔導美軍爸爸已經離開的孩子們。假如您願意接受我們的幫助，我們需要您填寫一份詳細的資料。」

全亞洲曾經接受賽珍珠基金會輔導的混血兒家庭，大概都會碰到這一段試圖介入他們命運的開場白，即使他們很可能終其一生都不知道賽珍珠是哪位。不難想像有些混血兒母

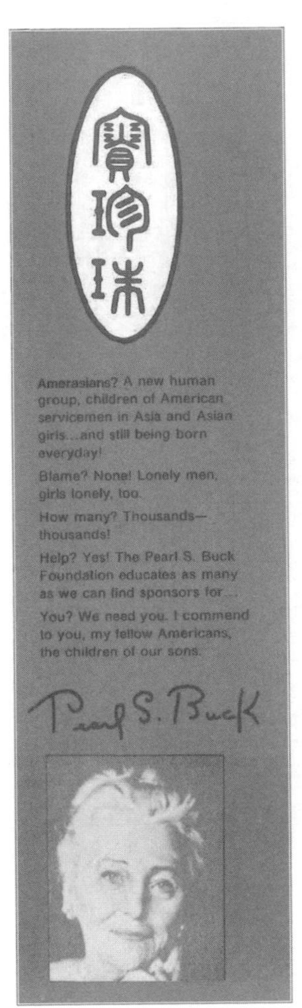

賽珍珠基金會資料

親在應門時顯得非常緊張，尤其面對來路不明的人士突然拜訪而且還拿出一份調查表；此時兩人一組的工作人員就會開始分工，由一人主責寒暄訪談緩和氣氛、另一人在旁記錄，一一寫下混血兒的身世背景、目前就讀的學校、學校離家裡多遠、以及父母雙親的基本資訊等細節。工作人員在訪談結束以後按下幾張快門，回到辦公室以後再將調查表上的草寫文字翻譯成英文，最後連同混血兒的照片一併寄往美國總會並且完成立案。

時隔數十年以後，我在現今的台北市賽珍珠基金會與前主任馮閑妹見面。這位混血兒時常稱呼的「馮阿姨」已經八十多歲，同時也是當初的工作人員之一。我請她過目《人間》創刊號的混血兒報導，詢問她還記不記得三十年前的受訪情形。她笑著說似曾相識，快要沒有印象了，但是對於雜誌內頁的圖片依然記憶清晰，甚至還可以指認出照片裡的南西和喬治的真實名字。

賽珍珠基金會台灣分會

馮阿姨是在一九六八年的夏天開始在台灣尋找混血兒，除此之外還有另外兩位美國人參與調查，他們分別是沖繩分會的主任魏克曼與史丹佛大學中文系的女大學生包家琳。三人的行動來源可說是出自於賽珍珠在亞洲的一連串策劃——她所成立的基金會在短短的六〇年代末期陸續於南韓、泰國、沖繩、台灣、菲律賓成立分會，隨即又在七〇年代初期設立越南分會。其中，賽珍珠與中國家庭計劃協會總幹事舒子寬在費城碰面，表明希望在台灣分會成立之前先進行初步評估，而在舒子寬的推薦之下，當時任職中國家庭計劃協會的馮阿姨成為調查混血兒的人選之一。

現在已經無法得知為何賽珍珠選擇與舒子寬聯繫，但是中國家庭計劃協會長期以來致力於教導婦女如何避孕，並且以「三三制」[3]作為主要倡議，或許被賽珍珠本人視為混血兒問題的解方也不一定。

三人小組當時最直接的調查方式就是前往中山北路鄰近的酒吧街訪問，但是她們發現帶著美國男人進入酒吧間時產生意想不到的反效果——有些家屬誤以為魏克曼就是孩子的父親，或者擔心他們是美國軍方派來的單位準備把孩子帶走。當時也流傳著一個奇怪的消息，曾經有母親聽說日本的混血兒都是被運送到一個小島上集中管理，因此擔心自己的孩子即將離開身邊。此外，吧女碰到來路不明的美國人探聽混血兒的情形，自然也會有所顧

3 所謂的「三三制」為：戀愛三年結婚、結婚三年生第一胎、再三年生第二胎、最多生育第三胎。

慮而不願意透露實情。

隨即她們調整工作模式，改為馮阿姨和包家琳兩人前往基隆，也順利靠著派出所外事組的警察提供的名單進行逐家訪問，另一方面她們更陸續從學校方面獲得通報，尤其是鄰近雙城街與農安街的中山國小提供了許多混血兒的註冊資料。三人小組在三個月的時間內訪問了將近一百多個混血兒家庭，在階段任務結束以後各奔東西——魏克曼原本就是從沖繩分會短暫借調，而包家琳則是返回美國繼續完成學業。

幾乎是在同一個時間點，菲律賓分會也展開籌備工作。一九六八年五月，菲律賓分會在安吉利斯（Angeles）設立，並且在克拉克空軍基地（Clark Air Base）的鄰近區域尋找混血兒。安吉利斯位於菲律賓中央呂宋大區的邦板牙省，曾經是美國海外最大的美軍基地所在地，同時也因為美軍的到來促使紅燈區蓬勃發展。我們幾乎可以從安吉利斯的克拉克空軍基地馬上聯想到台中的清泉崗基地以及五權路一帶的酒吧區。

只是，菲律賓分會的工作人員在剛開始時也碰到與台灣分會一模一樣的困境：有些母親擔心基金會在登記混血兒以後就會把孩子帶走，因此拒絕透露任何資訊。直到當時安吉利斯酒吧業者協會會長一同協助宣導工作，調查混血兒的任務才逐漸有所進展。

從菲律賓再次拉回北方的台灣。一九六八年十一月十五日，賽珍珠基金會以外國機構在台設立分會的性質在內政部報備核准，台灣分會的第一間辦公室在台北市長春路與吉林路交叉口成立，中山北路三段的酒吧街剛好就在不遠處，同時美國總會也指派安東尼（Anthony Tidei）成為第一任主任。

根據馮阿姨的轉述，這一位義大利裔美國籍主任卻有著許多尚待解密的神奇色彩。安東尼初抵台灣時年僅二十四歲，只知道他曾經在香港待過幾年，練就一口流利的中文，其餘沒有人知道他的來歷。他的主要職務是負責與美國總會之間的聯繫，平常與台灣分會人員溝通則是使用中文，然而他經常不在辦公室。直到某一次美國總會緊急派人前來台灣，安東尼人卻遠在夏威夷無法接待，導致他在一九七九年九月遭到免除職務。

不過以安東尼作為線索可以發現，美國總會指派分會主任的主要考量並不一定要是社會工作背景，但是必須要精通當地語言，例如沖繩分會主任一定要精通日語，泰國分會主任也一定要精通泰語等等。另一方面，由於任何混血兒的報告最後都要翻譯成英文寄往美國總會，所以每個分會底下的工作人員也並不一定是社工背景，但是必須要有一定的英文基礎。

反映在台灣分會約莫五人的編制裡，除了馮阿姨是護理背景之外，只有一人出身自社工系，其他人不是大學時期主修外文（英文）相關科系，要不然就是本身的英文能力非常好，因此早期賽珍珠基金會的形象可能又與現代專業的社會福利機構不太一樣。

此外，安東尼在台灣分會的十年任期非常巧合地涵蓋美軍駐台的最後十年，美國總會或許考量到台灣的混血兒狀況已經不需要再派遣中間人介入，於是改為提拔分會內部的資深工作者，另一方面也可以減少外派至台灣的人事成本。所以安東尼離職以後，馮阿姨成為台灣分會第二任也是最後一任的主任，直到一九九九年退休。

代理父親與亞美橋梁

台灣分會半世紀以來搬家了快十次，曾經短暫待過仁愛路、青田街、新生南路、中山北路一段、羅斯福路二段、安和路、和平西路，現階段又再度落腳長春路，不過這次距離中山北路三段就有些遠了。乍看之下繞了一圈折返原點，但是現實的時空環境與業務性質也產生巨大的變化——美國與中共建交以後撤軍台灣，而服務美軍的酒吧街也早已沒落。直到一九九七年十月，台北市賽珍珠基金會脫離美國總會自立，因此不再有可能繼續輔導美軍混血兒了。

基金會目前的招牌還是賽珍珠抱著孩子的畫像，底下的一行字寫著：「一個關懷跨國婚姻兒童的社會福利機構」。雖然辦公室內的社工從事的工作依然是在輔導混血兒，只是「混血兒」的意義已經延伸為母親來自越南、緬甸、柬埔寨、印尼等東南亞地區的新移民子女，同時組織的人員編制也開始納入緬甸、越南、中國大陸籍的媽媽。

即使尋找美軍混血兒已經不再屬於業務範圍，基金會依然與過往的個案有所接觸，例如年幼時轉由美國家庭收養的混血兒來信尋找親生母親，以及在台灣長大成人的混血兒前來辦公室調閱美軍父親的資料，陸續取走母親當年寄放在基金會的遺物，希望能摸索出自己的身世之謎。有些事業有成的混血兒自願成為新移民子女的認養人；有些混血兒陸續成家生子，開始擔心後代會因為膚色問題遭遇自己早年所受到的歧視，因此也帶著兒女前來加入基金會。

基金會習慣稱呼美軍混血兒為「大孩子」，也還留存著自從台灣分會成立以來累積的陳舊檔案，而這群大孩子在檔案裡的正式名稱則是「亞美混血兒」（Amerasian）。亞美混血兒一詞是賽珍珠的發明，一九七四年由台灣分會協助出版的《兩性之間的困境：從中外聯姻探討》的序文裡也收錄了一篇賽珍珠的文章〈亞美混血兒〉，從現在的眼光看來，這篇短文不僅有著賽珍珠身為美國人的強烈使命感，其中一個段落也流露出當時非常普遍的反共修辭：

賽珍珠基金會正在為這群孩子工作著。身為一個美國人，我無法相信那些擁有一半美國血統的孩子們在無知、沒有希望、被父親遺忘，被母親拋棄的情況之下長大，將會對美國的威望有任何助益。我相信只要美國人民知情，都會希望這群孩子在他們生長的土地裡有機會成為良好的公民。的確，身為一個美國人，我害怕這群絕望的孩子在反抗命運之際成為共產黨人。總而言之，我相信他們身為美國人有權享有比現在更好的生活[4]。

這批檔案當中還保留著一張美國總會設計的卡片文宣，雖然沒有載明是哪一年代的產物，不過上頭的英文短句對於亞美混血兒以及基金會宗旨有著以下的定義：「亞美混血兒是一個新興的人群，是駐紮在亞洲的美軍與亞洲女子的孩子，而且持續地在每一天出生。」「賽珍珠基金會在美國有心人士的幫助之下，致力於提供南韓、沖繩、菲律賓、台灣、泰國的亞美混血兒一個正面的未來。」「透過愛、教育與關懷，這群亞美混血兒可能終有一天會建立起一座橋梁，促進東方與西方的相互理解。」

兩性之間的困境

因此，如果形容賽珍珠基金會是因應冷戰而生的跨國認養機構，那麼基金會的行動認知與組織運作似乎也無可避免地受限於冷戰結構。基金會認為混血兒擁有美國血統，因此呼籲所有美國共同體的成員一起負擔混血兒的責任，如同美國也要負擔越戰與維護世界秩序的責任一樣，不論作為國家意志延伸的美軍在世界各地造成什麼樣的影響。

甚至在策略上，為了擴大美國認養人的觸角，賽珍珠基金會也曾經與美國軍方短暫合作。美國總會在一九八三年七月的會訊封面裡，先是獲得美國退伍軍人協會（AMVETS）總司令的背書，並且邀請退伍軍人協會執行長加入賽珍珠基金會的董事會。沖繩分會在舉辦耶誕節、慈善音樂會以及與美軍海蜂工兵隊（Navy CB）的野餐活動時，也提及他們獲得嘉手納空軍基地與第九海軍運輸營的贊助。此外，菲律賓分會也曾經發起牽手計畫（Helping Hand Project），由克拉克空軍基地的美軍大哥哥帶著混血兒去遠足，混血兒也可以在星期六早上進入基地從事運動或者休閒活動。

因此某種程度而言，賽珍珠基金會可說是代理了美軍父親的力量，實質協助散落於亞洲的美國小孩，混血兒也在公開的活動中象徵性地成為創辦人心目中的亞美溝通橋樑。當

4 參見附錄三：賽珍珠談亞美混血兒。

March [illegible]5, 1983

TO ALL POST COMMANDERS

The children of American Servicemen, whether they are wanted or not, are the responsibility of this country.

Today, thousands of these children of American servicemen are barely getting by in life in the Asian countries of Korea, Thailand, Taiwan, the Philippines, Okinawa, and Vietnam. They just survive; they have no opportunities.

I am calling upon each post in AMVETS to help these unwanted Amerasian children by participating in any way possible in the activities sponsored by The Pearl S. Buck Foundation. Through your participation with the non-profit foundation, your post can help one of these thousands of Amerasian children.

Let us resolve at this time to provide 100 percent support for this project and, in doing so, show this nation and the world that AMVETS has not forgotten our Amerasian children.

Sincerely,

Robert Martin
National Commander

Taiwan

Most of the Amerasian children on our support programs are located in several big cities where the U.S. Airforce Bases or Navy Bases were formerly located, like Kaoshiung, Taichung, Taipei & Keelung. In 1979, all the U.S. military men returned to the states leaving many Amerasian children's mothers without support. They could not find jobs having little education and no special skills. But their children had to be fed, so many mothers got married to Chinese men. Unfortunately, the Amerasian child was often unaccepted by their new Chinese step-fathers and were unhappy. So the marriage usually didn't last too long, and finished with a sad ending.

Some children were sent back to stay with their mother's family or relatives in the countryside. Recently we have found several very poor and needy cases who were hiding in isolation from modern civilization, staying with their aboriginal families in the mountain village. Some have registration and schooling problems. Some even have residence problems, because they hold U.S. passports that have expired and their visas are no longer good. They will be forced to leave this country unless they can get a new visa to stay.

Eva Fong
Resident Director

We have found that many black Amerasians have a very difficult life here in Taiwan. The family feels ashamed of this kind of child. Some are not accepted by the neighbors and other school children. They suffer and want to go to the states badly, especially some older Amerasians. The older they grow, the stronger their desire is to go to the land of their fathers.

Look at this black boy, his name is Chiu, Han-Chung. He will soon be eight years old, he lives with his aboriginal grandparents who have nine children of their own in very poor living conditions. The child's mother is the first daughter of this family. She met the boy's father when she was working in the big city-Taichung where there was a U.S. Airforce base. And soon she got pregnant. When her parents became aware of the fact they forced her to marry a man who lived in the next village. Unfortunately, when the step-father realized that the baby was a black Amerasian with dark skin & kinky hair he got very upset with the mother. The child was rejected and abused. The poor mother loved her son but she couldn't help him. One day she couldn't stand the abuse anymore, and went mad. She carried her son away from the house. Unable to find any other shelter beside her parent's home, she returned there. Her return to her parent's home with a black little boy was big news in this small village. To her, it was alright, since she already suffered so much. But it was unfair to the grandparents and other family members who now have to take the abuse the black boy and his mother brought to them. Also, it was unfair to the boy who was innocent of any wrong doing. As the years passed, people gradually became used to the mother and child, however, their story was still the gossip and to this day kids still make fun of him.

Another big problem occurred when the boy reached school age. Like other children, he was sent to a school in another village about 4 miles away from where he lived. It was very sad because he was not accepted by the other children since they thought he was so strange. He tried to escape their prejudiced eyes and quit school very soon. He needs help urgently, not only for food and clothing, but he needs a home, love, and encouragement. We hope it is not too late to change his life by extending our help to him.

4

Thailand

Jim Steele
Asia Regional Director, formerly
Assistant Resident Director, Thailand

Operations in the Foundation's Thailand Branch have continued along in similar fashion: there are successes and failures. One measure of the success of our efforts is that we are able to count more successes and fewer failures than in the past. It is unlikely that we will ever be able to report to our sponsors and friends that all of the Amerasian children in Thailand have progressed beyond the need for our assistance, but this is our goal. With every success of every individual child, we come closer to reaching that goal.

In terms of specific programs for the benefit of Thai Amerasian children, we hope to be able to care for the particular educational and medical needs of our children. In these areas, past outside funding and your contributions have enabled us to multiply our resources and maximize the benefits we are able to provide for these children. For younger children in elementary grades we have provided such specific aids as school uniforms and special tutoring classes to improve their academic performance and bring them up to the proper age and grade level. For older children, we hope to ensure funding for their continued study in high schools and vocational training programs. It is our philosophy that if we can train an Amerasian to assume a job that will support and give that child a sense of accomplishment, then that is just as much a success as helping a child with good academic potential complete high school and enter college.

Medically, we are able to continue to supply vitamins and immunizations for those children in need. And we also hope to ensure that no child goes without needed medical and dental care. Through our counselling we do, however, try to foster a sense of responsibility for their own well being.

We also continue our work in assisting Thai Amerasians to gain the proper documents and registrations necessary for Thai citizenship and school attendance. These documents, and the experience we have gained, will also be invaluable in proving Amerasian status for the new "Amerasian Bill".

As to some of our specific successes, we can report a few. In the educational area, we are extremely pleased to be able to report to you that four of our children have been accepted to study in Thailand's colleges and universities for the current academic year beginning in June 1983. The children reaching college age will be increasing dramatically in the near future. We will continue to work with these four and hope that they will serve as good examples for our younger children.

In the medical field, we were able to literally give one young Amerasian girl "a new lease on life". One of our caseworkers found a girl during a school visitation who appeared to be Amerasian. She also appeared very ill, so we made arrangements to have her come to Bangkok. She was discovered to be suffering from heart disease -- in fact, her skin color was almost blue. We arranged for surgery. It was successful, and now she will be able to return to normal activity. With the help of the Foundation and her new sponsor, she will be able to complete school on the same terms as other children.

The programs that we operate in Thailand can and do make a difference for Amerasians in Thailand. We realize that it is only through the caring of our sponsors that we are able to work with these children. All of us involved in the field and all of the children with whom we work have to thank all of our sponsors and friends very much. But, the work is not done. We ask your continued understanding, caring and support for our work with the Amerasian children of Thailand. We in the field pledge to do our utmost to continue and improve the efforts begun almost twenty years ago by Miss Buck.

5

美國賽珍珠基金會會訊

然，對於美軍來說，與賽珍珠基金會的合作也成為重建自身形象的公關契機。

但是這樣的美國意識形態也導致了無可避免的內在矛盾。基金會在修辭上雖然譴責亞洲環境對於混血兒的歧視，卻沒有質問「為什麼亞洲會有這麼多混血兒」；另一方面，基金會也認為生下混血兒的父母雙方都是孤獨的，混血兒的存在也不應該歸咎於任何人，因此對於亞洲的美軍基地議題選擇擱置不談。同時由於堅持教育，認為唯有透過教育才是打破貧困與歧視的唯一途徑，所以也忽略了混血兒問題的先天處境。這些前提似乎都在賽珍珠決定派遣專員前來台灣設立分會時就已經預先設定，並且在往後的日子裡成為輔導混血兒的侷限。

記錄生命歷程的檔案

介紹完賽珍珠基金會如何在冷戰結構下展開前置作業以後，我們再來看看它的內部組織運作，以及組織工作人員如何在這個框架下與混血兒家庭互動，進而產製亞美混血兒檔案。

菲律賓分會曾經如此列出以下的服務宗旨：教育、醫療、牙齒保健、營養補給、疾病預防、保險、托育、諮商、轉介、圖書閱覽、心理測驗、休閒旅遊、教育旅行以及自助計畫（Self-Help Projects）。

同樣地，台灣分會最關心的也是混血兒的教育與健康，也會定期檢查他們的身高體重、課業表現以及心理狀況，如果有具體的蛀牙、生病或者發生車禍意外等問題都會積極介入處理。基金會也曾經聘請老師開課教導混血兒簡單的英語會話，並且由前來基金會實習的社工系大學生輔導課業，然而受限於地理位置的限制，這些活動大多只能關照到台北的混血兒。

每年耶誕節與混血兒生日的時候，美國家庭會寄送額外的禮金或禮物到美國總會，再由美國總會將金額款項記載在一張張的小紙條上發送給各個亞洲分會。分會工作人員再依照美國家庭的期望採購禮物，如果沒有指定任何禮物就會讓孩子直接領取禮金。

檔案裡有一位黑皮膚混血兒從小被雙親拋棄，平時靠著幫路人擦鞋謀生，某一天在台北街頭閒晃時被工作人員發現。一位美國商人知情後願意提供一份小工作和小房間，他的情形回報美國總會不久就撥了一張五十美元的小紙條，幫他添購兩套衣服、外套、鞋子，以及矯正兩顆蛀牙。雖然這份禮金屬於救助性質，但是比起其他檔案的小紙條幾乎是最大的一筆金額。

基金會通常追蹤混血兒直到高中或大學畢業，每份完整的檔案基本上包含混血兒的相片、身世記載、訪談報告、結案資料，以及混血兒與美國家庭的通信往返——「美國家庭」可能是一處機構組織，也可能是個別人士，一次認養許多混血兒。台灣分會當時規定混血兒每年至少要寫兩封信給美國家庭，每一封信先由混血兒寫成中文，再由工作人員或志工翻譯成英文寄給美國總會。部分熱心的美國家庭收到信以後也會很認真地回信，偶爾還會寄來他們的生活照與風景照與混血兒互動。

隨著時代的演進，混血兒在年幼時期還是黑白照片，在青少年時期轉換為彩色照片。這些照片的意義和視角都不太一樣，有些是工作人員進行家訪時的單純記錄，有些是母親或家人一開始聯繫基金會時寄來的嬰兒照，有些是基金會舉辦活動的日常生活照，也有些是混血兒為了寄給美國家庭特地請人拍的沙龍照。部分檔案可能連一張底片都沒有，不過也有部分檔案的照片多達二十幾張，而從檔案裡的照片多寡可以稍微看出這位混血兒與基金會的密切程度。

當時所有的照片與文件都得回報給美國總會，因此全部的檔案都使用英文書寫，再由美國總會協助安排認養人。混血兒每月可以收到美國家庭捐助的十美元，以當時一比四十的匯率大約等同四百元台幣，其中一百元作為台灣分會辦公室的行政費用，三百元則是由工作人員交給孩子，在早年物價相對便宜的時代還算是可觀的金額。這筆認養費曾經因應幣值的波動調整為每月二十四美元，但是隨著九〇年代新台幣大幅升值，美國總會的經費開始入不敷出，最後也因為混血兒案例的減少而徹底終止。

台灣分會單是一九六八年結束前就找到一百七十名混血兒，同時搜尋範圍也逐漸延伸到台中、台南、高雄。有時候通報的十幾個線索居住在不同的地方，工作人員再安排路線一次訪問二至三個。到了後期，有些母親是從同業之間得知基金會的存在，也有混血兒在學校裡或街頭巷弄發現有著相同特徵的混血兒，主動寫信向基金會通報。

亞美混血兒檔案大致集中在編號〇〇一至七五〇，時間維度從六〇年代橫跨至九〇年代，部分檔案可能因為早已失去聯繫又或者年代久遠而殘缺不齊，甚至整份佚失了。不過在這麼長的時間裡也並非全部的混血兒父親都是美軍，而母親也未必都是台灣人，與基金會最初鎖定的美軍混血兒目標並不一致。例如賽珍珠基金會的常務董事莊禮傳也名列檔案當中，他的祖父是二戰期間待在台灣的美國茶商，至於父親則是曾經任職美國新聞處的攝影師。

其他案例也有母親來自美國、巴西、南非、玻利維亞，父親則是前往當地的台灣船員或觀光客。即使排除母親是其他國籍的特例，父親也有來自英國、荷蘭、紐西蘭、挪威的商人與船員。許多檔案明確指出父親是美軍，不過也有許多檔案並沒有載明父親的身分與國籍，只知道對方的種族是高加索（Caucasian）或尼格羅（Negro），進一步造成界定美軍混血兒的困難。

有一位母親先是與美軍生下第一胎混血兒，不久又與法國商人生下第二胎混血兒，這個現象或許可以說明問題的來源並不在於混血兒的父親是否為美軍，而是當時因應美軍而生的特殊產業似乎也吸引到其他國家的觀光客。

根據一九七二年三月十五日的《中央社》歷史新聞，從一九六五年十一月美軍渡假中心成立一直到一九七二年四月停止辦公，六年期間前來台灣渡假的美軍大約有二十一萬一千多人，在台灣的消費估計達到五千兩百八十四萬美元，等於當時進帳的觀光外匯就超過了二十一億台幣，但是這項統計可能還不包括當時的駐台美軍以及其他外國旅客。因此解讀這批檔案的關鍵可能並不在於混血兒的父親是否為美軍，而是母親的職業與服務美軍的產業高度相關。

台灣分會的工作人員在記錄混血兒身世時往往透過母親的臨場口述，又或者是透過外婆以及褓姆的二手轉述，因此使得檔案的可信度非常不穩定，也發生許多自相矛盾之處。有些母親甚至拒絕透露混血兒的身世，以「不希望孩子知道自己是混血兒」為理由拒絕加入基金會，顯得不太願意提起過去的往事。

有一位混血兒曾經向工作人員表達，她對於母親過去的三段感情關係感到非常困惑，也曾經為了找尋自己的身世歷經不少挫折，直到有一次好像終於聽到了「真相」，卻也是母親與外婆編造出來的。另一位混血兒的父親是前來台北短期渡假的越南美軍，似乎全然不知道孩子的存在，母親幾年後也遠嫁日本，家人在孩子年幼時告知他父親早逝，不過長大以後他從身分證發現自己其實是父不詳的孩子，讓他有一種被家人欺騙的感覺。

有著「籃球博士」稱號的鄭志龍也在口述自傳裡提到，長期定居日本的母親來台為阿嬤奔喪，剛好看到電視台正在訪問鄭志龍。當她聽到鄭志龍提及自己的父親是花旗銀行的職員時感到非常難過，責怪他怎麼連自己的身世都不清楚，於是首次將鄭志龍的身世說給他聽。所以直到自傳出版之前，當時二十七歲的鄭志龍才知道自己的父親是美國海軍[5]。

混血兒身世錯亂的原因主要來自於母親，也造成檔案紀錄的奇特現象。其中一位混血兒的父母狀況原本是如此記載：「父親是美國海軍，母親是吧女，父親在台灣駐紮一年又五個月，孩子在父親離開後出生。」時隔四年後，混血兒不知道什麼原因重新開案，在新檔案的文字描述裡彷彿是另一個人的身世：「父親是工程師，在母親懷孕八個月時離開台灣。即使父親曾與美國的妻子離婚，他也沒有意願與母親結婚。父親幾年前有寄一些錢來，之後也失去聯繫。」難以想像混血兒在長大以後，會選擇相信父親是美國海軍還是工程師？

母親的噤聲以及不斷地更改過去的記憶無疑是明顯的徵狀，至少面臨情人的遺棄是非常深刻的創傷經驗，但是隨著混血兒日漸長大開始質問父親的訊息，母親卻只能選擇性地編織事實作為回應，也在無意間與混血兒尋找父親的願望相衝突。同時，混血兒也不見得能充分理解母親的過往，更造成雙方日後互不諒解的伏筆。

只是母親的謊言顯然也無法歸因於個人因素，不然無法解釋為什麼會有類似的情形不斷地發生。換句話說，母親究竟是因為什麼樣的禁忌無法完整述說自己的生命故事，使得混血兒也在成長過程中承受一定程度的污名，更導致這些個體生命經驗的集體消失成為歷史的空白？

父與母，扣連混血兒的那些移動與變遷

如同我前面的主張：解讀亞美混血兒檔案的關鍵不在於混血兒的父親是否為美軍，反而在於環繞美軍產業的母親。因此，雖然檔案的主角是混血兒，但我更感興趣的卻是隱身在檔案紙背後的母親行為模式。

5 黃光芹（一九九七），《告別輕狂：鄭志龍的成長、愛情、抉擇》，頁三十七。

混血兒的身世

如果排除前述提及的特殊案例以及暫時忽略檔案的可信度，台灣分會曾經聯繫過大約六百二十名亞美混血兒，其中黑皮膚混血兒占了七分之一。白皮膚混血兒占多數的原因，雖然可以很簡化地解釋為白人大兵普遍具有優勢的社經地位，使得母親比較願意與白人交往，不過考量到當時的美國種族隔離意識依然強烈的時代背景，很可能美軍內部的非裔比例本來就比較低。

現今已經無法估算美軍到底在亞洲留下多少混血兒，不過截至一九八三年三月，美國總會曾經評估美軍自從韓戰以來產生了約莫一千兩百名混血兒，至於受到越戰影響的越南則是遺留下三千五百名混血兒。當台灣分會通報最後一位美軍混血兒時，美國總會累積的編號也達到了一七五二一。

不少混血兒的中文名字是從英文直接音譯，例如約瀚（John）、哈立（Harry）、僑琪（George）、蒂娜（Tina）、當尼（Donny）、基咪（Jimmy）；此外，檔案裡也偶爾會出現母親的英文名字，例如安娜（Anna）[6]，這個現象不禁讓人聯想到王禎和的小說《玫瑰玫瑰我愛你》，故事情節裡的酒吧老闆為了從美軍身上賺取「美金」，特別聘請英文老師訓練吧女如何接待美國大兵，也要求她們從各式各樣的英文名字裡挑選自己的藝名。

混血兒的出生地依序集中在台北、高雄、台中、基隆、台南等都市，單是出生在北部地區的混血兒就超過半數以上，但這很可能是因為台灣分會的主要活動範圍比較侷限在台北所造成的偏差。有些混血兒沒有家庭住址，取而代之的是中國家庭計畫協會、義光育幼院、福安育幼院，意味著混血兒從小就在育幼院長大。

總計有四十五名混血兒一出生就轉由其他台灣家庭收養或者待在育幼院，其中黑皮膚混血兒占了十五名；有二十五名混血兒最後由美國家庭收養遠赴美國，其中黑皮膚混血兒也占了八名，從以上的數據顯示母親捨棄黑皮膚混血兒的狀況各占三分之一。另外也有兩名白皮膚混血兒才剛來到這個世界不久，又匆匆在育幼院裡離開人世。

檔案內的父親資料幾乎顯示為 unknown，只有大約五分之一的檔案有稍微完整名字，其它像是 William、Golden、Bill，代表母親僅僅知道綽號而不知道對方本名。母親很可能因為語言的隔閡而無法得知對方姓名，但似乎又比較像是在來不及知道對方來歷的情形下懷有身孕。

6 為了保護當事人隱私，混血兒的名字與母親的綽號有略加處理。

其中最典型的例子是工作人員曾經聯繫到一位在基隆莉娜酒吧上班的母親，對方先是回信表示自己的孩子是與華人所生，但是事隔三年以後又覺得自己的孩子是混血兒。這種狀況進一步導致混血兒未來即使有心尋找父親，但是連母親都不知道父親是誰的情形下又該如何找起？

檔案顯示美軍父親與台灣母親的同居時間，短則一星期至一個月，多則長達四年至五年；前者是因為短期渡假前來台灣，後者則是長期駐軍，而女方也因為比較長的相處時間知道對方的姓名。此外，檔案裡有八十九對混血兒兄弟姐妹，同母異父的案例大約是同母同父的兩倍，同時也有同母同父外加同母異父的組合。

同母異父的狀況稍微可以理解，意味著母親在短時間內曾經與不同的美軍交往。只是在同母同父的狀況中，代表雙方相處了非常長的一段時間才可能生下兩胎以上，但是混血兒為何又處於沒有父親的狀況？

逐一檢視同母同父的案例，父親的離去又大致可以區分為以下五個因素：一、父親過世。二、父親已婚，在美國已經有家庭，可能打從一開始就沒有想將台灣情人和混血兒帶回美國生活。三、父親本身貧困，即使攜家帶眷返回美國，但是退役後的工作不足以養家活口，延伸而來的則是酗酒、家暴、外遇等問題。四、父母失和離婚，有的是母親無法適應美國生活，有的是母親無法忍受對方酗酒、家暴、外遇，甚至外遇對象還是同屬亞洲的菲律賓人。五、父親失蹤，又或者假裝失蹤，其中一個案例顯示父親以生病為理由返回美國治療，不過從此以後再也沒有出現過。就算母親手上握有父親的姓名與地址，但是在那個年代裡首先她必須克服語言上的障礙，緊接著再購買一套所費不貲的來回機票，然後也不見得有機會在茫茫人海裡揪出已不再回頭的美國情人。

至於同母異父的案例中，又有六對兄弟姐妹都包含白皮膚和黑皮膚混血兒的組合，代表他們母親的交往對象並沒有膚色上的設限。檔案裡也有七對混血兒互為表親，意味著同一個家族至少有兩名女性投身美軍相關工作。

白或黑，官或兵：父親的軍階與種族

只有在極少數的開案資料裡可以看到美軍父親的軍階，不過都記載得並不完整，例如上校（colonel）、中尉（lieutenant）或者一等兵（1st class），至於他們軍種則涵蓋了軍醫、憲兵、海軍、陸軍、空軍、海軍陸戰隊以及美軍顧問團，也有父親是台北美國海軍醫院或美國大使館的警衛。

美軍父親的軍種甚至直接對應到混血兒的出生地。假如混血兒出生在台中或台南，父親幾乎篤定是空軍；假如出生在基隆或高雄，父親也以海軍或者是海軍陸戰隊居多。至於台北的美軍組成涉及海陸空三軍，但也只有北部出生的混血兒才會出現父親是美軍顧問團的成員。

父親的服勤單位來自美軍顧問團、林口飛彈基地、清泉崗基地以及台南空軍基地四個地點，這些美軍基地在當時都指向同一個遙遠目標：越南戰場，因此如果發生混血兒的父親意外身亡也幾乎都死於越戰。檔案裡總共有八名父親死於越南，其中一位母親在得知美軍情人戰死的消息後精神崩潰，最後在混血兒年幼時過世，彷彿是陳映真〈六月裡的玫瑰花〉的延長版。

通常，美軍的種族都是高加索人與尼格羅人，但令人意外的是也出現了菲律賓裔美軍。檔案裡有七名台菲混血兒，他們的菲律賓父親有的是駐紮於越南、南韓的美軍，有的則是往返於日本、沖繩以及來自夏威夷的工程師。這群菲律賓父親可說是台灣最早的外籍移工，然而他們當時的身分地位卻比中華民國國軍還要高上好幾階。

值得一提的是，「工程師」在這裡看似是中性的職業，卻很有可能是隸屬於美軍的技工，尤其從這群工程師父親經常在亞洲各地東奔西跑，甚至也有案例死於越南的情形看來，他們應該與美國在第一島鏈的戰爭工程脫離不了關係。

除了美軍與工程師以外，父親的職業又以水手、商人居多，不過檔案內也沒有清楚載明所謂的水手到底是海軍水手還是商務船水手。其他職業還包含英文老師、設計師、攝影師、觀光客、大學生以及記者，也有父親是從軍隊退役以後在師範大學學習中文時與母親陷入熱戀。

檔案內也有十七筆美軍父親的通訊地址，除了其中三筆來自舊金山之外，其他所在地包括佩塔盧馬、特溫福爾斯、達拉斯、克里夫蘭、普拉奎邁恩、米納勒爾、格洛弗斯維爾、尼爾斯等九座美國城市。其中一處地址位於明尼蘇達州的勒蘇爾學校（Le Sueur Public School），顯示這位父親在入伍前很可能是一位老師。

不過卻有四處地址位於美軍基地：沖繩的那霸基地（Naha Air Base）、紐約州的格里菲斯空軍基地（Griffiss Air Force Base）、加州的漢彌爾頓空軍基地（Hamilton Air Force Base），也有父親任職於佛羅里達州的傑克遜維爾海軍航空基地的武器部門（Naval Air Station Cecil Field Weapons Dept.）。

從以上零星的線索，我們可以試著支撐出一幅美軍父親群像：各個徵召入伍的美軍來自不同的城鎮、階級、種族與職業，他們搭乘航空母艦或者乘著噴射機離去（leaving on a Jet Plane），分批橫跨至太平洋西岸的陌生國度，準備投入韓戰或越戰。這是他們第一次來到亞洲，同時也是第一次如此靠近死亡。他們年紀輕輕，在駐紮基地附近的娛樂場所結識當地女子，隨即展開同居生活，也可以在休假期間飛往其他地區尋找亞洲女人作伴。等到幸運地服役屆滿或者準備收假離開亞洲時，他們可能真的不知道身旁的伴侶已經懷孕（尤其為期五天的假期總是匆匆飛逝），即使他們知情，巧合地是無論同居的時間多長，他們往往在情人懷孕期間或者混血兒剛出生不久離去，也不知道是什麼樣的原因迅速調往其他基地。

妳從哪裡來：母親的職業、省籍、年齡

許多混血兒的身世都是以如此的敘述作為開頭：「父親是美軍，母親是吧女，父親在孩子出生前離開台灣，自此之後音訊全無。」檔案上母親的職業欄位大部分登記為 hostess，這項詞彙在中文的對應意思是女服務生，但是在檔案的語境裡卻有著情婦的意味。除此之外也有登記為 bargirl（吧女）、prostitute（娼妓）的案例，以及 hired-wife——用直譯的方式就是「租來的妻子」，不過參考〈烏來追想曲〉記載的情色產業或許可以翻譯成「租妻」。

在租妻的伴侶關係裡，美軍前往酒吧以後將喜歡的吧女帶出場同居，平時由吧女提供打掃清潔等居家服務，美軍則是扮演付錢買單的大男人角色。一方面吧女不必每天上班應付囉唆的老闆和麻煩的客人，另一方面美軍只要每月固定支付一筆金額就可以擁有全職女

友（full-time girlfriend）陪伴，因此可說是一筆各取所需的交易。

只是如果因為這樣而判定所有的母親都是吧女和專門從事租妻，恐怕又是非常簡化的說法。從檔案裡可以看到母親因為與美軍同居「所以」從事租妻，但無法回推她在認識美軍以前是從事什麼樣的職業，況且也並不是所有母親在與美軍同居前都一定在酒吧上班。像是在部分案例裡，有些母親先是擔任美軍基地的打字員和福利社的出納員，在認識美軍以後才展開同居生活；另一方面，母親的其他職業也呈現了當時環繞美軍而生的就業機會，例如她們是旅館、餐廳、咖啡店的服務員，也有酒吧會計、夜總會駐唱歌手、理髮師、保齡球計分員以及按摩員等等。

然而，美軍的到來不僅僅只是誘發相關的基地消費，背後還包含著特殊的物流網絡，其中伴隨著基地一同出現的美軍福利社（Post Exchange，PX）成為一種通行標記，更象徵著槍與巧克力的一體兩面。由於亞洲各地的美軍福利社商品都享有免稅優待，即使運抵來台灣也同樣免稅，部分腦筋動得快的美軍開始與黃牛勾結，利用渡假期間前往香港、日本套購指定商品，返台以後再全數賣給黃牛賺取差價回扣。部分美軍也以物資交換作為與吧女同居的條件，也透過吧女作為中介人將洋酒、香菸、衣料、糖果、化妝品等貨物外銷出去，同時還藉由這些稀有奢侈品舉辦舞會與派對用來吸引大學與高中女生，輾轉之間也自然而然發生許多異國戀情。

檔案裡也出現了一項特殊的職業：「情書槍手」，不過背後卻是一段以離異收場的戀情。根據馮阿姨的回憶，這一位高中生母親出身自教養還不錯的家庭，哥哥還是律師，在一場舞會中認識美軍，隨後陷入熱戀結婚，但是到了美國才發現對方入伍前是卡車司機，收入非常不穩定。兩人很快因為一些因素分手，她也帶著三個混血兒返回台灣，所幸之前在美國住了幾年英文還不錯，在往後的日子裡靠著幫吧女讀信以及寫英文情書賺取外快，收入甚至足以讓她支付高昂的學費提供三個孩子就讀美國學校。只是隨著美軍撤離台灣，這位幫忙寫情書的母親頓時失去生意，也無法負荷沈重的養育費用，最後只好將其中兩個混血兒雙胞胎交由美國家庭收養。

以職業作為切入點，我們可以看到在酒吧、餐廳、美軍基地工作，甚至是兼職寫情書的母親；不過如果從年齡、省籍的角度出發，檔案堆裡的所有母親又集結出更複雜的女性輪廓。

假設暫時忽略謊報年齡的因素，這一群母親生下第一胎混血兒的平均年齡在二十三歲到二十四歲之間，包含約莫三十名未滿十八歲就生下混血兒的小媽媽。其中年紀最大的有四十三歲，年紀最小的只有十四歲，巧合地是不論是年紀最大的還是年紀最小的母親，她們的對象剛好是美國海軍。

檔案裡雖然沒有記載母親的出生年，不過如果利用混血兒的出生年、開案日期以及母親當時的年齡等資訊計算，可以稍微回推母親到底都是哪一年代的人。根據我的統計，母親的出生年從二〇年代橫跨至六〇年代，但是超過七成以上屬於三〇年代至四〇年代，其中最年長與最年輕者大約分別座落於一九二四年與一九六一年，兩者之間可說相差了兩個世代。

而在混血兒的開案資料中，只有父親的欄位裡才有「種族」（race）這個填寫選項，但是母親的欄位裡並沒有，代表對於當初設計混血兒調查表的美國總會來說，與美軍交往的亞洲女性只是地區上的不同而已。同時，台灣分會的工作人員也沒有意識到母親的省籍對於混血兒而言會是非常重要的變項，另一方面可能也很難向美國總會解釋何為「本省人」與「外省人」。

因此，檔案裡無法分辨母親的省籍和種族，只能稍微從工作人員額外的說明以及混血兒居住在山區部落等情形判斷母親是原住民。檔案裡有四十名原住民母親，雖然只占檔案不到十分之一，但是這個比率已經遠遠超出原住民族人口在台灣的比例。

母親的年齡與省籍之間也產生某種程度的細微關聯。如果縮小檔案裡的母親年齡統計範圍，原住民母親普遍比較年輕，例如一群來自烏來的媽媽在生下混血兒時的平均年齡只有二十歲而已。另外根據馮阿姨的印象，母親以本省人最多，原住民次之，外省人最少，其中外省籍母親的共同特徵都是年紀稍微比較大，在生下混血兒時都已經超過三十歲了。

幸好還有另一種方式可以準確判定母親出身自外省家庭：混血兒出生在眷村。檔案裡總共有九名混血兒的通報地址分別位於八個眷村——五福新村（台北板橋）、復興新村（台北士林）、中正一村（桃園平鎮）、互助新村（台中西區）、陸光七村（台中西屯）、商協新村（高雄大寮）、精忠四村（高雄大寮）、復興新村（高雄左營）。

在此我也冒著樣本數不對等的風險進行一個小統計，稍微將眷村母親與原住民母親的出生年代做個小對照。如果以一九六五年美軍來台渡假作為準則，來自竹籬笆的少女們在當時平均都已經二十歲，至於原住民女性普遍都還未成年。因此生下混血兒的外省母親可能不見得都是高齡產婦，但是相較於其他族群的母親確實比較年長老練。

表 1　眷村母親與原住民母親的出生年代對照

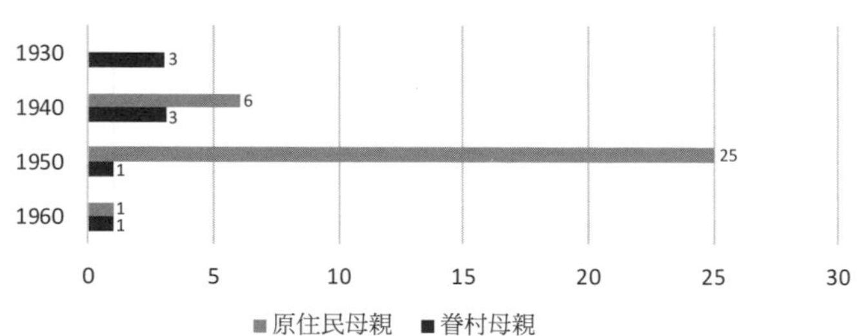

何處是我家：母親與混血兒的所在地

母親在生下混血兒以後大多繼續從事同樣的工作，使得部分母親集結起來的通訊地址彷彿是一頁台灣酒吧史：

表 2　母親的通訊地址顯示的酒吧店名

	酒吧與所在路段
基隆	夏威夷酒吧 Majestic Bar 好萊塢酒吧、中美酒吧、莉娜酒吧（忠一路） 幸福酒吧（孝三路） New York Bar（孝四路）
台北	OK Bar 六三俱樂部（北安路） 花貓酒店（撫順街） B.B. Club（民族路） U.S. Bar（錦西街） 彼得酒店（民權西路） 上海酒吧、九龍酒吧（民權東路） 薔薇酒吧、Charming Bar（雙城街）
台中	Fomosa Bar 雙美餐廳（大雅鄉永和路） 小蘇州酒家（光復路） 第一酒店（美德街） 巴黎酒吧、心心餐廳（五權路） 玫瑰酒吧（錦華街）
高雄	皇宮酒吧 喬雷餐廳 銀閣酒吧（自由路） 卡門酒吧、四愛酒吧（七賢三路）

以上酒吧目前還在營業的應該是台北的六三俱樂部，只不過名稱已經改為美僑俱樂部（A.C.C）。部分酒吧甚至有二至四名母親在裡面工作，也有兩名母親居住在台中英才公寓同一樓層的不同房間——這棟公寓曾經於一九七二年四月發生美軍殺害吧女的命案而為世人所知。

從這些酒吧的名稱不難看出店家主打賓至如歸的感覺，使得美軍一進入酒吧如同置身巴黎、紐約和夏威夷，享受尊爵不凡的殊榮，又或者直接賣弄夜上海或香港蘇絲黃風情，撩撥美軍對於遙遠東方的神祕想像[7]。其中一間四愛酒吧似乎還引自古典詩詞，展現酒吧老闆深厚的中國古典文學素養：「晉陶潛愛菊，宋周敦頤愛蓮，宋林逋愛梅，宋黃庭堅愛蘭，謂之四愛」，不過美軍與吧女是否可以理解四愛的涵義則是不得而知。

母親的通訊地址大致有兩種可能性，其一是母親的工作地點，呈現在檔案上面偶爾會出現酒吧的店名；其二是工作地點附近的住處，也很可能就是母親與另一名美軍同居的地點，因此逐一統計母親的所在地段，不難發現這些地址之間有著特殊的群聚效應，而且也幾乎與美軍基地脫離不了關係。

例如基隆忠一路、義二路、孝三路、孝四路，以及高雄七賢三路、五福四路等街道都是位於港口附近，可以想像當時有許多美軍艦隊停靠於此，碼頭周遭林立著形形色色的霓虹燈酒吧看板。台北中山北路三段附近應該是吧女與混血兒密度最集中的地方，有將近七十名母親曾經住在雙城街、德惠街、農安街以及吉林路。居住在台南的母親大致落腳在中正路與青年路，至於台中的母親則是分布在健行路、美德街、大雅路、五常街等地帶，剛好環繞著中清路與五權路。只要攤開地圖觀察，如果美軍當時想從清泉崗基地前往台中市區尋求感官娛樂，最快速便捷的方式也唯有通過中清路與五權路，也因而促使許多酒吧與店家選擇在此從事美軍生意。

有些母親可能是同一間酒吧的同事，為了分攤租金與彼此照應而合租一間房子；但是也有一些母親很可能素不相識，卻分別在一前一後住在相同的地址，因此充滿了許多想像空間。或許前一位母親在生下混血兒不久，為了養育孩子以及尋找更好的工作機會離開原本的住處；事隔多年過後，另一位吧女住進相同的空間與美軍同居，也一樣在相同的空間內懷下孩子。

從台灣分會的工作人員對於母親居住環境的簡單描述，也可以約略窺見她們的生活環境：有一位母親在高雄五福四路的一間俱樂部工作，她與混血兒就住在俱樂部樓上的一間

7 當時台灣的酒吧似乎很喜歡以香港命名。根據外交部「駐越美軍來華渡假地位」檔案，裡面的第六次協調會議紀錄就羅列出五間台北酒吧欠誠實：北平、香港、友愛、九龍、麗池。其中香港與九龍的名稱就是源自香港地區。

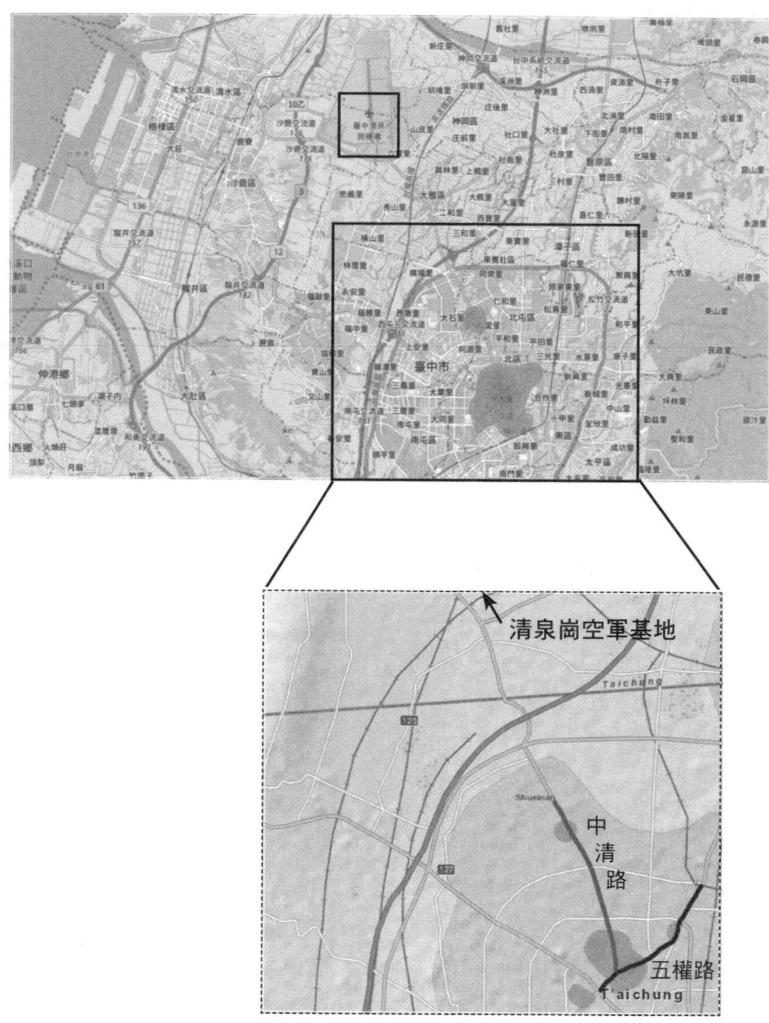

混血兒母親初期所在地：台中

出租房子，室內空間狹小到只能讓她們睡覺，女兒甚至沒有書桌可以寫功課；另一位母親則是居住在台北雙城街的西式公寓，室內擺有當時尚未普及的電視，母親也還有餘裕提供女兒就讀私立天主教學校、學習鋼琴，只是這樣的夢幻日子在美軍情人離去之後開始急轉直下。

溫泉鄉，溫柔鄉：北投、烏來、春陽、四季

原住民村落也成為混血兒的集中地，像是烏來忠治村、烏來村、福山村相加起來就有十九名混血兒，南投春陽村和宜蘭四季村也有七名混血兒。這些村落大多位於偏遠山區，工作人員在前往烏來福山村之後就在訪談紀錄裡有著以下的描述：「福山村距離烏來觀光區大概有四個半小時的腳程，村落約有六十間房子，當地人都是原住民。村民因為沒有交通工具很少下山，同時他們的日常用品也非常昂貴。」

北投、烏來、春陽與四季都是以溫泉聞名，也有部分混血兒的母親在北投的旅館擔任服務員，甚至從事性工作。但是在此有必要指出的是，在烏來、春陽、四季出生的混血兒可能並不全然是美軍湧入當地觀光的結果，反而是母親從部落前往都會遷移時與美軍交往，最後未婚懷孕才迫不得已返回部落生下混血兒。尤其部分烏來混血兒的父親都是台中清泉崗基地的美軍，意味著烏來母親並非前往距離最接近的台北，反而選擇路途更為遙遠的台中。

檔案顯示，在烏來部落裡代理母職的往往是混血兒的外婆，她們完全不會中文，只會說原住民語以及從日本殖民時代被迫學會的一點點日語。至於從台中返回烏來部落的母親為了維持生計，轉而在部落觀光區的藝品店擔任銷售員；但是也如同〈烏來追想曲〉的描述，即使是看似平常的藝品店也往往暗藏玄機——日本與美國觀光客先是在藝品店談妥價錢，再由店家指派女性前往他們在台北下榻的旅店進行交易，而這或許也說明為何部分烏來的母親最後還可以與日本人結婚前往日本，又或者與另一個美國人結婚前往美國。如果婚姻順遂，她們就從此旅居國外，定期寄錢給部落的老家；如果婚姻失敗則是再度返回烏來的藝品店，直到年老色衰與其他人共組家庭。

飄散的花朵：母親的勞動與移動

從以上的資訊我們可以清晰地看到烏來母親們的人生曲線：她們年輕時先是前往台中打工，在懷下混血兒以後返回烏來，最後再前往日本或美國謀求鈔票與婚姻，如果依然遭逢挫敗則再度折返台灣。

不過在實際分析其他母親的移動路徑之前，我想先召喚兩則台灣小說裡出現的吧女母親與混血兒形象，她們分別是黃春明在〈小寡婦〉裡描寫的阿青與小黑，以及白先勇在《孽子》裡描寫的麗月姐與小強尼。

〈小寡婦〉的阿青出勤於台北紅玫瑰酒吧，並且在那裡認識了非裔美軍士官史密斯。兩人同居的半年時間內，史密斯使阿青嚮往起美國，以為只要去了美國就可以擺脫所有的痛苦，於是她推掉了紅玫瑰大部分的接客機會開始勤練英文。然而有一天史密斯在前往沖繩出差的時候因為吸毒被捕，失落的阿青只好重回紅玫瑰，並且遇到來自美國南方的白人美軍史提夫，旋即發現自己懷孕；阿青重新懷抱起一絲絲美國希望，但是在產院生下小黑以後毫無意外地把史提夫給氣走了。事後阿青將小黑交給一處貧窮家庭託養，自己再次回到紅玫瑰上班，直到小黑十一歲以後又託付給鄉下的外婆照顧。

另一方面，《孽子》的麗月姐是台北紐約吧的當紅炸子雞，個性豪邁直爽，顧客也同樣不分白人黑人。她與白人海軍強尼同居了一年生下了小強尼，但是對方不久返回美國從此不再回頭。麗月姐原本將小強尼送往孤兒院，後來又因為捨不得的緣故又接回來扶養。她在中山北路承租的公寓同時也是與美軍同居的空間，當她白天外出前往紐約吧出勤時，小強尼則是由她聘僱的中年女傭人負責照料，除此之外可說是一對相依為命的母子。

兩則小說片段可說是呈現兩種截然不同的育兒模式：〈小寡婦〉的阿青將小黑交給鄉下的外婆照顧，自己隻身在台北繼續上班，並且定期支付生活費用；《孽子》的麗月姐則是將小強尼帶在身邊，外出上班時再交由傭人照顧。順著這樣的故事，我想帶出來的問題意識是：兩種育兒模式純粹只是阿青和麗月姐偶然選擇的結果嗎？

小說是捕捉現實的產物，而檔案原件往往虛實參半。從檔案當中，我大致將母親生下混血兒以後的因應模式歸類為以下四種：

以阿青所象徵的C模式是檔案裡最為顯著的移動方式，它的意義在於母親是離鄉背井前往基地商圈工作，但因為懷孕生下混血兒導致負擔加重，迫使她不得不將混血兒交給外婆照顧，然後在工作之餘定期返家探望孩子並且支付家用。A模式的母親將混血兒帶回家鄉就近工作，基本上也屬於返鄉尋求救助的邏輯，不過她們的狀況很可能是母親原本的家鄉就是位

表 3　母親生下混血兒以後的因應模式

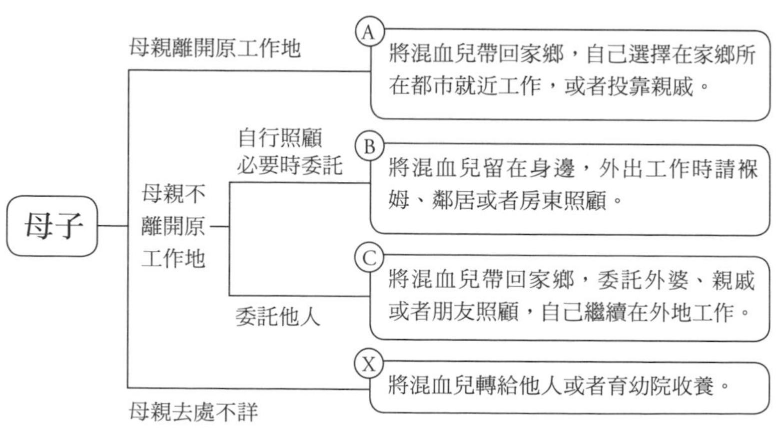

於都會區。一則發生在台中的特殊案例是，母親在與新任美軍男友同居時，外婆與混血兒也和他們住在一起。

不過，顯然並不是所有將混血兒帶回家鄉的母親都會坦承背後的來龍去脈。像是一位前往基隆某戶家庭拜訪的工作人員發現，個案的外公以為混血兒是母親朋友的小孩。母親希望工作人員與外婆可以保守秘密，但也不知道這個秘密最後維持了多久。

四種模式當中，又以麗月姐象徵的B模式最不符合常理（她原本採取X模式將小強尼送往孤兒院）。母親在開案資料裡隻字未提自己的家人或親戚，彷彿處於沒有原生家庭的狀態，並且以異於常人的超能力選擇一邊工作一邊照顧孩子，在往後的日子裡從一個都市搬往另一個都市，隨著美軍的波動決定自己的行動。

當然，可以推測在當時的年代裡與美軍同居又未婚生子確實得隱瞞家人，甚至也有母親在生下混血兒以後與原生家庭決裂。除此之外，我的猜測是採取B模式的母親本身就是流離失所的人，也就是隻身來台的外省第一代。因此相較於本省母親、眷村母親以及原住民母親還可以返家分攤混血兒的養育成本，被迫採取B模式的中年外省母親也就難以有親人可以託付混血兒。

彷彿離根飄散各處的花蕊，母親們為了生活或愛情所觸發的移動路徑在檔案裡反覆出現，即使是離開台灣也在所不惜。其中一份檔案先是有著從台南飛往澎湖的記載：「父親是駐紮在澎湖的空軍，母親是在台南的酒吧工作時遇見孩子的父親，之後前往澎湖與父親同居。母親懷孕七個月時，父親退役返回美國，自此之後音訊全無。母親在孩子出生後寫了兩封信給父親，卻沒有任何回音。孩子的外婆有中風情形，整個家庭依賴母親的收入。」

如果重新聚焦在C模式，可以稍微揣測母親在生下混血兒以後的諸多考量，例如工作與育兒無法兼顧，又或者出入聲色場所也不方便將孩子帶在身邊等等，但同時也可能意味著母親無法選擇鄰近的地點就業。例如一九六八年七月，一位母親將混血兒託付給台北的外婆，自己在台南青年路工作，形成從台北到台南的移動路徑：

- 台北（混血兒所在地）→台南青年路（母親上班地點）

還有一九七一年二月，一位台南母親為了照顧混血兒和年邁的外婆，在高雄七賢三路工作，形成從台南到高雄的移動路徑：

- 台南（混血兒所在地）→高雄七賢三路（母親上班地點）

以及一九七二年七月，一位母親在台中美德街的第一酒店上班，將孩子託付給高雄的外婆，形成從高雄到台中的移動路徑：

- 高雄（混血兒所在地）→台中美德街（母親上班地點）

也可以看到在一九七三年十一月，一位母親反而是將孩子安置在台中美德街的外婆家，然後前往基隆酒吧工作，形成從台中到基隆的移動路徑：

- 台中美德街（混血兒所在地）→基隆（母親上班地點）

同樣在一九七一年九月，一名混血兒寄住在基隆阿姨家，母親則是在台北北投上班，又形成從基隆到台北的移動路徑：

- 基隆（混血兒所在地）→台北北投（母親上班地點）

因此與其說從事美軍產業的女性是從農村移往都市的工業社會就業人口，更準確的說法應該是短期間內大量集中於美軍基地周遭的勞力聚攏。統計檔案裡八十五筆明確採取C模式的母親路徑，可以發現以中台灣的淨移入人數最多，其中有將近二十位母親曾經從北台灣移動到台中，意味著當時台中的經濟發展更加仰賴基地相關收入[8]。

8 在此我引用的是新崎盛暉的戰後沖繩研究。所謂的「基地相關收入」包括：美軍雇用者所得收入、基地建設高峰期帶來的相關收入、美軍和軍屬的消費支出，以及軍用地租收入。見新崎盛暉（二〇一〇），《沖繩現代史》，頁四十九。

當然，採取C模式的母親並不會只在單一都市原地踏步，她們會前往第二個都市和第三個都市，並且讓混血兒一直待在家鄉，這個現象在母親生下兩個以上的混血兒時更加凸顯。一九六九年七月，一位來自新竹的母親分別在高雄與台北生下四個不同父親的白皮膚混血兒，但為了維持家計依然在台中的酒吧工作。後來也不知道是什麼樣的際遇，最後她們全家陸續移民美國，母親也就此終結在台灣西半部的奔波生涯。細數她的經歷和四個子女的出生年，又形成以下的人生時間軸：

- 新竹↓高雄（一九五三至一九五五年）↓台北（一九五八至一九五九年）↓台中（一九六九年）↓美國（一九七五年）

從母親們不斷更動的通訊地址，也顯示出酒吧與俱樂部之間的工作流通非常高，因此她們也無可避免地面臨同業競爭與婚姻市場的考驗。一九六六年二月，一位母親與非裔美軍在台

表 4　C 模式的淨移入與淨移出統計

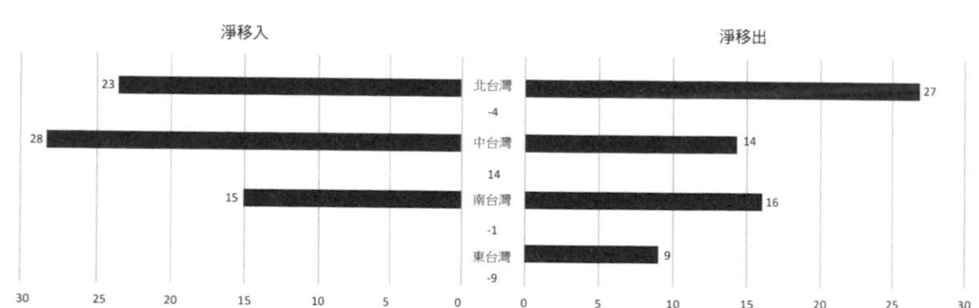

南地方法院公證結婚，生有一男一女，但是對方之後卻在台北新生北路三段與另一位來自烏來的吧女結婚同居，使得母親憤而提告非裔美軍重婚，也演變為兩名吧女為了美軍對簿公堂的現象。

她們可能還得留意來自亞洲其他國家的競爭對手，因為也有美國大兵是在母親懷孕之後才告知自己已經與菲律賓、越南或者香港女人結婚。當然，我們也同樣可以想像完全相反的狀況：說不定美國大兵前往亞洲其他國家渡假時，在有知有覺或者不知不覺的情況下使當地女子受孕，最後卻離開母子愛上台灣的情人。

悲歡分合：父母親的婚姻狀態

二〇一四年年底，我參加賽珍珠基金會的耶誕節活動，擔任活動攝影志工。賽珍珠基金會在台北美國學校舉辦耶誕活動的傳統已經行之有年，一開始是混血兒一年一度可以看見彼此的大日子，只是當初滿屋子混血兒的盛況已經逐年讓位給新移民子女。如今只有少數幾位頭髮灰白的中年混血兒坐在一兩桌貴賓席，靜靜地看著美國學校扶幼社與新移民子女在台上的表演。

一位混血兒也帶著他的孩子們參加耶誕節晚會。兩個孩子剛好一男一女，皮膚相常白皙，似乎也遺傳到美國祖父的基因，連基金會的社工都誤以為是外國小孩。他表示在看到王湯尼成功找到父親的新聞之後又重新燃起尋找美軍父親的希望，也期待下次前往紐約時可以尋覓到相關線索。

他只有父親的照片，卻沒有父親的名字，只知道父親曾經在台北與母親同居，軍種很可能是陸軍或是美軍顧問團。如果他的父親還活在這個世界上，應該已經七十歲八十歲了，不過他依然渴望可以再見到父親一面，然後再將父親的故事告訴給自己的孩子聽。對他來說，自己從小沒有父親的缺憾，現在逐漸成為家庭歷史的缺塊。提及美軍父親離開台灣的原因，他不太確定地表示當時許多美軍只要與台灣女子生下混血兒，就會立刻被調往其他地方。

這項說法不僅僅出現在學術界，即使是網路部落格式的歷史書寫也非常普遍：美國當時基於反共立場與嚴格的移民政策，並不樂見亞洲女子與美軍結婚移民美國，因此只要得知美國大兵與當地女子發生戀情，就會採用迅速調離的方式防止異國婚姻，所以有些美國大兵發現同居的女子懷孕後通報申請結婚，他們最後的命運往往就是被調往其他基地[9]。

這項理由擺放在當時的冷戰背景非常具有說服力，檔案裡大部分的美軍父親也都非常巧合地在混血兒出生前後離開台灣。其中一份資料顯示，一位混血兒的非裔父親在婚禮前夕突然被調往沖繩進行為期兩個月的軍事訓練，從此之後下落不明，母親也是在對方離去後才發現自己懷有身孕。

只是檢視檔案裡關於美軍離開台灣的理由，可以發現許多美軍父親確實在混血兒出生不久被調離台灣，但是他們從此失蹤的巧合似乎不是出於非常複雜的軍事因素，也並非全然身不由己：有些美軍在事前承諾會盡快回來與母親結婚，事後頻繁來信表示將前往台灣探望母子，此後都沒有下文。有些美軍在情人懷孕不久離開台灣，可能真的不知道孩子的存在。有些美軍並不承認混血兒是他的孩子。有些美軍比起前面三個狀況稍微好一點，表明自己在美國已經有妻子，返回美國後偶爾寄一些錢給母親，但是通常沒有維持多久就中斷聯繫。

部分美軍因為酗酒、吸毒被調往其他基地，之後也沒有試圖與懷有身孕的情人復合。其中一對母子原本與美軍父親在南韓同居，但是母子不知道什麼原因返回台灣，美軍父親後來因為攜帶毒品在美國被判刑七年，同時也音訊全無，台灣法院最後也判決兩人離婚。

另外也有匪夷所思的狀況。像是有一位混血兒的非裔父親是駐紮在清泉崗基地的空軍，

9 參考夏曉鵑（二〇〇三），〈失落的美國夢：冷戰結構下美軍與台灣女子之跨國家庭研究〉以及管仁健（二〇一三），《你不知道的台灣：影視秘辛》的說法。

父母結婚前往美國生下第二胎女兒，不久全家人前往台灣渡假，然而美軍父親在旅行結束之後只帶著女兒返回美國，卻將母子遺留在台灣。

有將近二十名母親受到美軍情人離去的打擊產生輕微的精神疾病，從此陷入絕境，病情甚至惡化為憂鬱症、精神分裂症，後半生都得待在精神病院。有些母親顯然負擔不少現實壓力，在懷孕期間大量飲酒以及服用鎮靜劑，導致混血兒出生後耳朵重聽或者腦神經受損。

不過也並不是所有的母親都默默承受背叛的事實。一位母親得知美軍情人即將返回美國，不滿自己與兒子就這樣被拋棄，於是一氣之下在分手當天用硫酸潑灑對方的臉，只是在戒嚴的時代裡襲擊美軍盟邦的後果就是被捕入獄一年。

也確實有美軍因為正常輪調離開台灣，母親幾經波折終於與對方結婚；也有美軍在事隔多年以後覺得應該要負起責任，於是前來台灣將混血兒接回美國，但是礙於自己已有家室不見得與母親結婚。關於美軍個體全然身不由己、在戰爭的大環境底下沒有自主選擇權的說法，不勝枚舉的反例可以繼續延伸下去，特別是有為數不少的母親最後依然選擇與另一名美軍結婚，由此可見美國軍方也完全無法防範亞洲女子與美軍結婚移民美國。前述提及的潑美軍硫酸的母親，她在出獄之後從台中美德街搬到台北農安街，從有限的資訊裡可以看到她與另一位美國人同居，最後在一九七七年三月帶著兒子飛往沖繩。

或許與她同居的美國人並不是美軍，兩人也很可能沒有結婚，不過我們可以再繼續看下一則同樣也是前往沖繩的亞美敘事。部分檔案裡還留存著幾封母親與混血兒寫給台灣分會的信，其中一封的日期是在一九七八年二月——此時越戰已經結束，越共也南下佔領西貢，美國與中華民國的外交關係開始進入倒數計時。一位住在台中五常街的母親來信基金會，表達自己與美軍結婚的欣喜之情。對方是駐紮在沖繩的美軍，也願意收養她的女兒。以事後發展的國際情勢推測，她們應該是最後一波隨著美軍離開台灣的吧女與混血兒：

我已於十二月十七日於台中和 Seitsinger 先生結婚，恕我未知會您。彼現服役琉球，有一半法國血統，我們已認識兩三年，前次他突然飛到台灣渡假，事先也沒來信通知，於是他向我求婚，他底熱忱使我無法拒絕，而與他共譜愛之曲，唯一的條件是女兒要跟在身邊。一切皆來得那麼突然，使我覺得有些手足失措，終於我還是冷靜三思地面對它。女人一生中最寶貴的就是青春，而幾乎可以說我已失去談它的資格了，近而立之年，我已厭倦且憎惡以往的生活方式，而思一良人倚望終身遂為最大的盼望，此念一生，頓使心湖變成了「惡水」(troubled water)，澎湃不能自已，而他卻適時地來到，彷彿上帝差來的福音使者，於是結婚便成為最自然的一件事。

於是在一個月後，母女從台北搭乘飛機前往沖繩與美軍繼父會合，留下用字遣詞非常特殊的線索。這封信提到的「惡水」，應該出自賽門與葛芬柯（Simon & Garfunkel）在一九七〇年發行的歌曲 Bridge over Troubled Water，中文翻譯為「惡水上的大橋」，曾經連續六週登上美國告示牌百大單曲榜（Billboard Hot 100）冠軍，在一九七一年獲得葛萊美年度歌曲獎，沒意外的話當時的美軍電台也反覆播放著這首歌曲。

這位母親以惡水自喻，感嘆青春有限與生活條件的惡劣，對於不再年輕的擔憂也具有現實的急迫性：當吧女不再年輕貌美，也等於自動結束職場生涯，更何況還得獨自一人撫養混血兒。非常幸運也弔詭地是，另一位美軍適時的出現讓一切獲得了解套，使用〈惡水上的大橋〉的歌詞來形容，美軍更是帶領她們母女遠走高飛、航向前程的光明大橋。

檔案內總計有一百六十六名母親曾經遷移國外，絕大部分的原因都是與外國人（美國人）結婚。她們曾經在台灣的西半部來回跑動，即使生下混血兒依然沒有阻礙她們賣力地向上移動，最後終於跨越國族的疆界向外流動，無論期間面對的潛在風險有多麼地巨大。

在美援的年代，她們大概是除了「來來來，來台大；去去去，去美國」的留學生之外，最有機會出國甚至是從此移居國外的台灣女性，至於目的地也毫無意外地以美國居多，其次則是日本。不過前往日本的母親又分為兩種類型，第一種是嫁給美軍，母親先前往日本、沖繩、菲律賓、夏威夷的美軍基地和美軍情人會合再一起前往美國；至於第二種才是嫁給日本人——在美軍渡假計劃終止以後，台灣的觀光產業轉而迎向日本，母親的新對象很可能與從事商務旅行的日本商人密切相關。部分母親則是遇見來自歐洲的船員或商人，最後前往比利時、英國、挪威、荷蘭、西德以及瑞士。

前面提到母親並不會在單一都市原地踏步；同樣地，部分母親也並不只前往單一國家，其中一位高雄母親的跨國移動路徑分別記錄在三份混血兒檔案。一九七四年十二月，她在基隆的酒吧工作時認識美國海軍生下女兒，但是發現對方並沒有結婚的意願，因此將女兒交給褓姆照顧再繼續前往酒吧工作。三年後她與另一位美軍在台北結婚，帶著女兒隨同對方前往沖繩，停留期間懷孕生下兒子，然後一家人飛往美國。不過這段婚姻維持不到一年，她又帶著兩個孩子返回高雄外婆家，然而故事並沒有就此打住：一九八六年三月，她又與澳洲人結婚，先是帶著兒子前往澳洲再轉往美國，最後也將女兒接去美國團聚。因此這位高雄母親不但經歷過三次戀情與兩段婚姻、生下兩個同母異父的混血兒，更在短短十年內遊歷沖繩、美國、澳洲三個地區。

不過並不是所有遠嫁他方的母親都會帶著混血兒離開台灣，似乎是不想讓新情人知道混血兒的存在，又或者新情人不願意接納混血兒。所以仔細分析母親出國以後與混血兒的

圖表 5　母親的跨國移動一覽

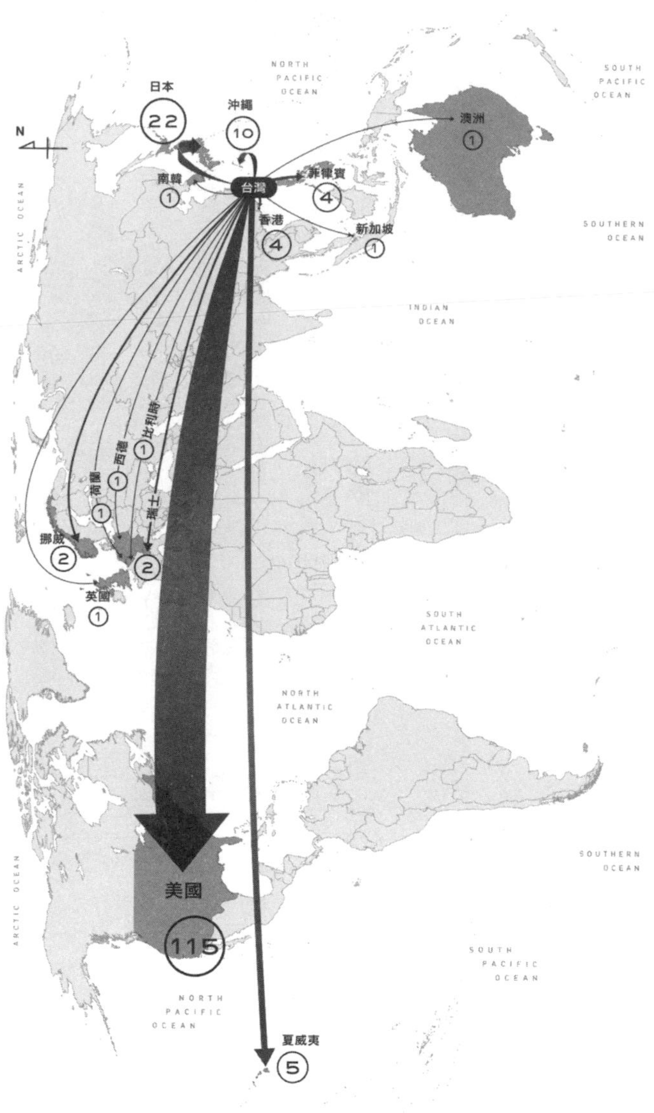

互動，又可以再度歸類出四種模式：

檔案裡總共有九十六名母親最後找到新伴侶依循E模式，帶著混血兒橫跨惡水前往國外生活。然而在D模式當中，母親卻是一個人遠嫁他方或者與外國男友遠走高飛，將混血兒託付給台灣的親人，幾乎可以說是C模式的跨國版本，不過顯然並不是所有人都能接受母親這種近乎任性的行為。在一份黑皮膚混血兒檔案裡，工作人員對於母親拋家棄子的行徑更是描述地非常露骨：「母親之後嫁給一位美國白人，在一九七〇年十一月前往美國，從此以後將小孩這筆『債』丟給外婆來償還。」

但也並不是只要前往國外就能確保美好的未來。一位混血兒的舅舅曾經來信

表 6　母親出國以後與混血兒的相處模式

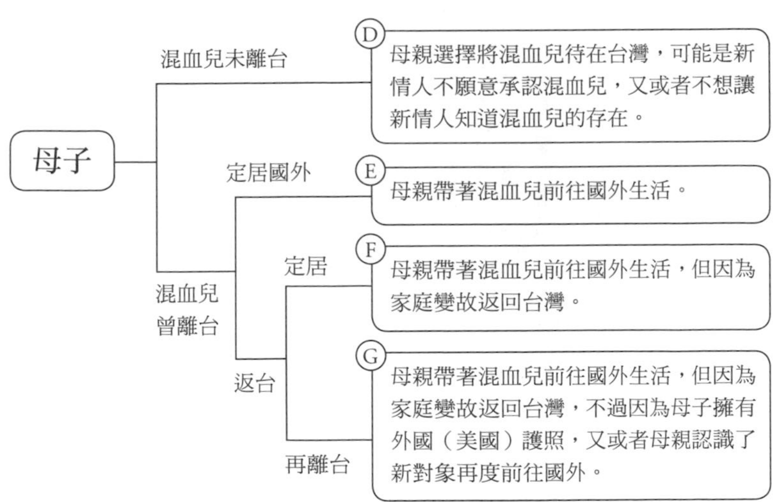

基金會，表示混血兒的母親在一九六一年隨同一位「美國外交官」前往香港，前些年還有與家人聯絡，從此以後音訊全無，但是她在十三年之後突然來信表示自己受到香港黑社會的欺騙，似乎陷入人口販運的危機。另一位母親則是與日本人結婚，兩人的關係維持不久就以離異收場，但是母親卻因為無法從對方身上取回護照導致滯留在日本，最後也不清楚是否有順利返台。

有些母親與混血兒好不容易離開台灣，卻又折返回來。我們可以運用一下想像力，理解一名亞洲女性突然置身於六〇年代的美國可能會碰到的處境：或許她因為深色的皮膚時常被鄰居誤認為是新來的女傭，或許她因為語言與文化背景的隔閡時常與伴侶的家庭發生摩擦。因此許多直到八〇年代才通報的混血兒案例顯示，母子原本與美軍父親生活在美國，最後因為無法適應環境最終離婚，在返回台灣以後尋求基金會的援助。

有些母親因為與美軍結婚擁有雙重國籍，即使離婚也依舊選擇待在美國發展，於是她先將混血兒送回台灣，等到經濟狀況穩定之後再將混血兒接去美國生活。

國家至上，民族至上：母子的噤聲和失語

即使是台灣分會輔導的混血兒也並不一定是在台灣出生。檔案裡總共有二十二名混血兒出生在美國，也理所當然地擁有美國國籍。有九名混血兒出生在日本、沖繩、香港、泰國、越南等東亞地區，也有混血兒是在日本的美國大使館登記出生證明，因此他們的出生地彷彿伴隨著美軍輪調全亞洲的印記。

甚至也並不是所有的母親和混血兒都是「台灣人」。一九七二年十二月，一位黑皮膚混血兒在越南出生，他的母親將他轉交給華僑收養，這個華僑家庭也在越共南下以後逃往台北。

一九七三年十二月，另一位黑皮膚混血兒在曼谷出生，他的父親是美國空軍，在母親懷孕四個月時離開泰國，不久病死於美國。他十二歲時，外婆因為生病無法工作，頓時全家陷入困境，母親或許也因此透過跨國婚姻仲介嫁給台灣的外省老兵。母子兩人不久從曼谷飄洋過海抵達台北的眷村，隨後曼谷分會也將這名案例轉介給台灣分會。只是，他的外省繼父比起他的泰國母親年長足足十八歲，鄉音又非常重，語言的溝通困難外加彼此殊異的背景也幾乎宣告著離異的結局。

因此這群亞洲母親與亞美混血兒各自交織出另一種冷戰圖像以及跨界身體移動，也難以使用現今的民族國家框架定義各個地區的亞美混血兒。只是如同第三世界共同的殖民地經驗，這種另類的亞洲敘事卻也是非常弔詭地由美軍製造出來的。

有些母親拼命跨界、捨身一搏，發展出驚心動魄的生命敘事；但是絕大部分的母親沒有這麼幸運，被傳統家庭結構及中美父權體制壓得動彈不得。她們可能出身自十多名成員的大家族，孩子的舅舅和阿姨們甚至還在就讀國中，可想而知年紀輕輕就已經扛起沈重的壓力。她們也可能原本已婚，但是迫於家計又或是被丈夫拋棄前往酒吧工作，生下混血兒以後無疑導致經濟狀況雪上加霜。也有母親是美軍顧問團成員聘僱的幫傭，遭到強暴以後懷下混血兒，也不見對方有負起什麼法律責任。

許多母親受限於教育程度，在離開美軍相關產業以後無法找到合適的工作，但是為了撫養混血兒只好嫁入尋常的台灣家庭，至於她們的對象似乎又以外省軍人居多。曾經歷經戰亂、孤身來台，受到國家禁婚令[10]影響而晚年未娶的外省老兵，遇見風華不再、生下混血兒的吧女，或許比較可能的詮釋方式是，雙方都是在當時的婚姻市場裡沒有選擇空間的結合。只是隨著時間的進展，混血兒往往不為外省繼父接受，雙方的婚姻通常也沒有維持很久。

部分母親在生下混血兒之後轉換職業，例如前往工廠、美容院上班或者經營早餐店，也有母親看破紅塵前往寺廟尋求宗教上的慰藉。但是絕大部分的母親依然待在酒吧與俱樂部直到無利可圖為止，又或者隨著年齡的增長成為帶領新一批吧女的主管。

「惡水」在冥冥之中也是一個集體隱喻，象徵母親為了養家活口陷入無法自拔的泥淖。一九七一年三月，一位在高雄皇宮酒吧工作的母親來信基金會，除了表達酒吧一行已經日薄西山，也希望她的女兒可以交由美國家庭收養，因為這可能對於彼此的未來都是好的選擇。在寫下這封信的四個月之後，她也如願以償放手讓女兒遠走高飛：

> 只恨當時因遭受到環境的壓迫與一時的無知迷途而步入此場所，現內心深感後悔莫及、痛苦萬分，而現在的酒吧業又很不好，真想脫離此場所改行做一個正當的工作，但遺憾的是目前之處境遭受到的一大難題，就是為了能養活我這孩子，似乎對此行難脫了身，所以真希望貴輔導會能對我的女兒有所幫助，將來能受到溫暖與養育，那敝人將不知如何的高興、感恩不盡。

10 國民黨政府在一九五二年一月頒布《戡亂時期陸海空軍軍人婚姻條例》，一度限制現役軍人以及未滿三十八歲的男性軍人不得結婚，導致許多外省軍人年過半百以後才由當地人媒合組成家庭，除此之外也有人透過仲介迎娶外籍新娘。

一九七二年十一月，另一位母親也將女兒交由美國家庭收養，事前可能並不完全明白收養的意義，在一封寫給台灣分會工作人員的信裡，字裡行間流露出失去女兒的錐心之痛：

我不知道是否應該寫這封信，可是，我如果不說出來的話，對我來講實在太殘忍了。一向自尊心很強的我，為這件事每晚不能入眠。說真的，幾天來我內心一直有受欺騙的感覺，當然我也知道你們的出發點完全是善意，從頭到尾十天工夫就這麼容易失去女兒，請妳瞭解我，我不是說 Mr. Garton 夫婦不好，也就是說他們太好了和對你們太有信心，我才會那樣輕易的來辦這件自己所不願意做的事，可是這幾天心裡總覺得不是味道，因為你們所做的跟你們所告訴我的完全不對，請原諒我講這種話，事實實在是如此。

但，我也是非常感激你們給我這麼多的幫助，使我女兒能有這麼好的家庭，過著正常的生活，這也是我日夜所盼望，自己不能給她，能早日為她著想，做此決定，我並不後悔，只是太心疼了，更何況我自己也見了對方那麼樣的喜愛她。如今我只能盼望著自己的女兒今後一切都會很幸福，更希望他們夫婦能遵守諾言，那麼我這做媽的才能安心，要不然天下再也不能比遺棄骨肉更罪惡了。

如果扣除因為各種原因前往國外的案例，實際在台灣生活的混血兒可能不到五百名。

此後，這群混血兒大約有四分之一在求學期間半工半讀，取得高中、高職、五專學歷之後從基金會結案；只有不到二十名的混血兒取得大學學歷，又或是憑藉著出色的身體素質保送體育大學。

絕大多數的混血兒因為家境貧困，只唸到國中就決定外出工作補貼家用，有些混血兒甚至在國中國小期間輟學，更因為無法忍受同儕之間的歧視拒絕再踏入校園一步。但是根據台灣分會當時的規定，如果接受輔導的混血兒沒有在校就讀將取消補助資格，因此就算是混血兒的家境再怎麼惡劣，只要一經查證不再上學，工作人員也只能無可奈何地中止補助，產生最應該輔導的混血兒反而沒有在認養名單內的矛盾。

大部分的混血兒都擁有中華民國國籍，頂多在早期的身分證背面標注著「父不詳」。部分混血兒擁有美國國籍，代表美軍父親在孩子出生後曾前往台北的美國大使館登記出生證明；也有混血兒是在長大後的某一天突然收到從美國寄來的律師信函，證實自己繼承美軍父親的遺產。只是擁有美國國籍的混血兒，他們的美國護照在通報基金會時往往都過期了，外交部也要求混血兒立即出境，在香港取得入台簽證之後再返台取得永久居留權，以當時前往香港的來回機票大約一百四十美元，折合台幣就要五千多元，一般貧困的混血兒家庭很少負擔得起。

擁有美國護照的混血兒可以用「依親」為理由待在台灣直到年滿二十歲，但是自此之後就要每半年出國一次，前往鄰近的香港或沖繩處理簽證再折返回台。也因為擁有美國護照，混血兒通常就讀美國學校卻無法參加台灣的聯考體系，如果想完成大學教育只能飛往美國。因此考量到前景，混血兒往往選擇放棄美國國籍歸化中華民國，又或者在基金會的協助下前往美國求學。一位居住在美國剛薩加天主教大學（Gonzaga University）的神父Carrol，生前與賽珍珠有過合作情誼，願意擔任混血兒的保證人。

只是，也有極少數的混血兒曾經處於無國籍的狀態，原因卻是父母雙方有過婚姻關係。按照過去中華民國國籍法的「父系血統主義」，混血兒的國籍必須跟著父親，但是母親在父親失去聯繫的情形下不但無法為混血兒申報美國國籍，更無法申報中華民國國籍，而且弔詭地是只要沒有找出美軍父親取消婚姻，母親日後生下來的所有小孩不論是不是混血兒都會處於無國籍的狀態。如同俗話所說「嫁出去的女兒，潑出去的水（潑出去的惡水）」，中華民國國籍法早已排除了「崇洋媚外」的女性，因此只要她們嫁給美軍，後代都非我族類。

即使混血兒想歸化中華民國，卻被政府單位告知必須放棄美國國籍——但是混血兒已經是無國籍，又要怎樣放棄美國國籍？無國籍的例外狀態最後只能靠美國在台協會出面證明混血兒並非美國公民，以及國籍法在兩千年一月從「父系血統主義」改成「父母雙系血統主義」才真正獲得解決。

即使真正在台灣生活的混血兒僅僅只有五百名，背後也牽扯到將近五百個家族，但是他們的聲音為什麼長期消失蹤影？對於混血兒來說，家庭的缺陷使得他們無法提及從未看過的美軍父親，保守的社會使得他們無法啟齒母親的職業，國籍的錯亂也使得他們無法確認自己的認同，更無法說清楚自己是怎麼一回事，有口難言的悲傷甚至轉變為對於母親的強烈憎恨，也使他們嚮往起父親所在的國度。

對於母親來說，不論是自願或者迫於經濟壓力前往俱樂部工作，假如可以與美軍結婚前往美國，一則不但有機會想像更好的生活，二則也具有快速脫離貧困的意義，三則也更可以藉著這份際遇脫離各種偽善的目光與職業污名，可是最後卻因為無法究及美軍的責任而浸入無法言語的惡水之中。

他們的聲音如今湮沒在一箱箱泛黃易碎的舊紙堆裡，檔案照片當中甚至只有混血兒的人像，卻鮮少可以看見母親的身影。混血兒的照片都是分別裝入被剪成半截的信封紙袋，再用迴紋針夾在每一份報告的左上角。紙袋的背面印有戒嚴時代的標語，像是「國家至上、民族至上」，以及在歷史課本裡才看得到的四言絕句：「保密防諜，人人有責。匪諜自首，既往不究。隱瞞匪諜，與匪同罪。檢舉匪諜，保家衛國。」

這一群亞美混血兒與美軍的台灣情人，不正是「國家至上、民族至上」的犧牲者嗎？

第三章

追尋起源：
混血兒的誕生與美軍的台灣假期

駐越美軍不同於駐華美軍。正如我國駐美的外交官赴美作私人旅行，並不能享受外交權是一樣的。這一個基本規定將是維護美國軍人在華渡假時，與我國愉快相處的基礎。我們可以不要這一點點「觀光」外匯，但這個立場不可放棄。相信明智遠見的美國當局也必以我們的看法為然。

——《徵信新聞》，一九六五年十一月二十二日

接待渡假美軍工作，自五十六年五月份正式成立聯合小組已將滿五年，中方秉持「有朋自遠方來，不亦悅乎！」之心情，不斷要求服務態度之改進，美方亦充份表現為客者的良好態度，促使聯合小組接待工作，始終在友好氣氛中順利進行。

——聯合小組第廿八次工作協調會議紀錄，一九七二年四月三日

降生與死滅：被台美關係左右命運的人們

台中向上路：美軍來台與隨之出生的混血兒

林博文，賽珍珠基金會檔案編號三九九，美國總會的永久編號〇五八二七。老舊的檔案牛皮紙還存有三張黑白照片，都是短頭髮的模樣，其中一張全身照片裡他雙手擱在背後，穿著牛仔褲和短袖的白色斑點襯衫，兩旁各有一台腳踏車，應該是因應工作人員的要求隨意在自家門口拍攝下來的。另外兩張大頭照分別穿著卡其色和白色的制服，時間點應該是在國小到國中階段，照片裡的白皮膚混血男孩外表稚氣，眼神略帶一點早熟。

林博文的檔案總共有九張報告，都是使用潦草的英文書寫。最上面的一張開案資料登記於一九七三年二月，當時他年僅八歲，就讀台中市區的某處國小，從住家抵達學校需要三十分鐘的時間。父親的姓名欄寫著 unknown，母親二十九歲，中間欄位的身世背景有著簡短的記載：「孩子的母親在旅館擔任服務生時遭到強暴，因此她對於孩子的父親一無所知。母親目前與一位本地軍人結婚，孩子與外公外婆、舅舅阿姨住在一起，一家人總共十名成員住在簡陋的棚屋裡，平時靠著麵攤的小生意謀生。非常需要援助！」

開案資料的其他零星資訊顯示母親和繼父生下一個女兒，林博文並沒有與他們同住。接下來的八張訪問紀錄，除了前兩張間隔了三個月，之後大約每隔一年或者半年觀察一次。基金會前前後後總共有五位工作人員接觸過林博文，根據她們的描述，林博文在學校表現得很好，聰明活潑喜歡打籃球和游泳，成績總是名列前茅，小學五年級的成績單上有四個科目考了滿分，包括老師、同學和繼父都喜歡他。

林博文曾經短暫住在繼父家，但是大部分的時間都待在外婆家。母親依然在某處工作，經常回來探望孩子。長相英俊，個性獨立、順從、誠實，即使是不同的工作人員也都給予正面的評語：「他與同學之間的相處沒有問題」、「孩子受到良好的照顧」、「個性非常友善而且有禮貌」，以及一句將在多年以後顯得非常關鍵的形容：「長得很好看的孩子，看起來很像美國人。」

檔案停留在林博文十四歲的時候。工作人員表示無法聯繫到他，即使要求林博文前來基金會面談，家人卻回信表明他已經離家出走。如果林博文還在就學的話應該是國中二年級，此時家庭狀況也出現了變化：母親很少回家看孩子，外婆與外公整天忙於生計，也不知道該如何教育他。檔案之後不見有任何後續，基金會對於林博文的認養補助也因為對象失去聯繫而不了了之。

林博文與其他混血兒檔案比較起來並沒有太多特殊之處，他與絕大多數的混血兒一樣寄居在外婆家，母親在生下他不久與軍人結婚，非常有可能也是嫁給外省老兵。只是每一名混血兒在成長過程中多少都會向工作人員透露種種挫折，然而林博文的檔案卻是平淡無奇，沒有什麼值得擔心的情形。

因此大概連工作人員都會出乎意料的是，在她們眼裡乖巧英俊的林博文，在短短六年的時間內變化為震驚全台灣一時的恐怖份子。

一九八四年十一月十五日凌晨四時五十分，台中向上路二段的寧靜住宅區突然群犬集吠，緊接著是一連串的槍響。所有的歷史報導片段虛構出一位混血兒的最後身影：二十歲的林博文在藏匿處所察覺到自己被重重警力包圍，於是趕緊穿上防彈背心，將雙手的兩把手槍分別裝上數發子彈，並且在衣袋內放入三枚 MK 二式手榴彈，準備就緒之後從二樓的石綿瓦屋頂一躍而下。底下埋伏的兩名警員發現後立即抓住他的背部，林博文迅速反手開出第一槍順勢逃跑，警員見狀接連開出兩槍，附近包圍網的刑警也紛紛收攏朝著林博文射擊。林博文身中數彈，逃跑的同時依然不斷還擊，最後負傷倒臥在地上，此時趕來支援的台中縣刑警隊隊長洪旭上前緝捕，卻遭到正面開槍擊中胸部。

林博文因為身穿防彈背心沒有大礙，一度想掏出手榴彈引爆卻被警方制伏，反倒是沒有任何防護措施的洪旭躺在血泊中奄奄一息。凌晨五時十五分，槍聲停止，長達二十五分鐘的街頭巷戰結束，洪旭在送醫急救後宣告不治，這場被稱為「一清專案」的首波掃黑行動總計造成一死四傷。

林博文落網後也送往醫院急救，警方在他藏匿的地點搜到大批的槍械、子彈以及現金支票，而因公殉職的洪旭則在大眾媒體的渲染下成為國民英雄。槍擊案一個月後，為了表揚洪旭除暴安良的英勇事蹟，國民黨政府旗下的中影公司開始策畫紀念電影，由導演劉家昌拍攝的《洪隊長》從企劃到拷貝全部在二十五天完成，最後趕在當年的元旦檔期上映，不過票房十分冷清。

至於林博文在眾人皆曰可殺的輿論氛圍下被移送軍法審判速審速決，歷經不到三個月的偵查時間被判處死刑。一九八五年四月十二日凌晨，台北憲兵隊執行槍決，還來不及度過二十一歲生日的林博文就此結束短暫的人生。

林博文在賽珍珠基金會的檔案裡還留有一份證明書，由當時擔任主任的馮阿姨親筆寫下，說明林博文與基金會之間的關係，署名時間是在林博文遭到槍決的八天前。由於事隔超過三十年，馮阿姨也已經忘記有這份證明書的存在以及背後的來龍去脈，不過可以猜測警備總部在偵查期間循線找到了輔導過林博文的賽珍珠基金會：

1. 賽珍珠基金會係一慈善機構，致力於幫助及輔導亞美混血兒，總會設於美國賓州。

2. 林博文，男，出生於一九六四年八月二十三日，係一名中美混血兒，父不詳，母林○○，設籍台中市，于一九七三年申請本會的幫助，於一九七三年六月經總會正式核准給予學雜費補助，先後有數位個案工作員與案主及家人接觸，直到一九七八年九月案主因故離開學校，屢勸不願意復學，與個案工作員不十分合作，得予總會的規定，于一九七九年三月總會正式停止對案主的幫助。

3. 本人于一九七九年九月接掌台灣分會主任職，而過去曾與該案接觸過的個案人員均已離職，以上事實係從其個案資料中摘錄。

解嚴以後又有另一部電影選用《洪隊長》裡面的大反派作為主角。由導演柳松柏拍攝的《美國博仔》將林博文步入黑道的故事搬上大銀幕，在一九九〇年的暑假檔期上映，但也同樣沒有引起太多迴響。電影海報上面如此形容林博文：「前中部第一殺手，越戰美國大兵遺孤。」

如今已經無法得知林博文的父親是否為美軍，只能從當時的黨外雜誌《蓬萊島週刊》看見類似的記載：「林博文的生母因家貧，十幾歲就到當時的台中俱樂部當小妹，在一九六三年間被一名美軍強暴失身，她們母女兩人曾到台中警察局外事室提出控告，外事室答覆她們說，該名美軍劣行昭彰已列驅逐出境即將離台，告也沒有用，所以被勸作罷，次年就生下了林博文。[1]」

台中五權路：美軍協定與吧女之死

林博文八歲的時候，有一則他無法理解的事件發生在距離他外婆家僅僅數百公尺的地方。一九七二年四月二十二日晚上，台中地方法院檢察官會同法醫、憲警以及美軍人員走入英才公寓二一二號房間，確認一位中年婦女全身赤裸俯臥床下，額角有著傷痕及瘀血，初步判定是被他人所勒斃。案發現場，她死前穿著的衣褲在地上摺放完好，床上被褥也放置整齊。

表面上，中年婦女和林博文的唯一共同之處在於兩人都是姓林。她有一個英文名字叫裘麗，四十五歲，四川成都人。如同其他外省族群一樣，裘麗也走過巨流河和大江大海，隨著國民黨政府來到台灣。她曾經在中國大陸有一段婚姻，生有兩子，於一九六三年與丈夫協議離婚後在台中五權路一帶的酒吧工作，後來轉往大雅鄉雙美餐廳[2]擔任吧女領班。她居住的英才公寓是一棟公寓式三樓住宅，總共分租三十六個房間，每戶房間的構造為兩小隔間外加廚廁一小間，房客清一色都是職業婦女。由於英才公寓鄰近五權路酒吧街，因此這裡的職業婦女也幾乎都是吧女。

裘麗每月支付台幣八百元的房租，室內有電視機、沙發和一張雙人彈簧床。辦案小組人員在清理遺物時搜出了一副麻將以及八張男人的照片，除了其中一張是華人以外，其他都是外國人。他們也調查出裘麗生前曾與三位美軍同居過，不過由於喜歡賭錢，所以經濟狀況並不是很好。

發現裘麗死亡的人是一位名叫魯茲（Ronald A. Lutz）的美軍下士，一九四六年十二月出生，二十五歲，美國紐約人[3]。他在一九七〇年二月來到台灣，隸屬於清泉崗基地第三七四作戰支援大隊，負責電話接線工作，在離開美國以前還是大學一年級的學生。當時他已經與台灣女子結婚，兩人生下一個白白胖胖的混血兒居住在大雅路，事發當時兒子才五個月大。

1 《蓬萊島週刊》四十期（一九八五年四月），第五十六頁。

2 賽珍珠基金會輔導的混血兒家庭當中，有一位母親也曾經在雙美餐廳工作，所以檔案裡還保有雙美餐廳當時的地址：台中縣大雅鄉永和路二〇五號。

3 根據外交部「林勞倫斯及魯茲殺人」檔案，雖然檔案內顯示魯茲當年二十三歲，但是以他出生於一九四六年十二月換算，英才公寓命案發生時應該已經二十五歲。

魯茲向檢察官供述，當晚是他與裘麗的初次見面。他在凌晨零時四十分左右離開雙美餐廳，獨自一人在街上行走，突然裘麗從後面一把拉住他，詢問要不要一起喝咖啡，於是兩人坐上計程車前往英才公寓。抵達房間後裘麗說她肚子餓，因此他外出買水餃，裘麗留在屋內煮咖啡，可是他經過的三家水餃店都已經打烊，一小時後返回房間時赫然發現裘麗已經陳屍床下。隨即他叫了一台計程車逃離現場，返回大雅路住所，當天中午比往常遲到約二十分鐘前往清泉崗基地上班，經過竟日的思考後在下午六時三十分將上述情形向上司回報。

魯茲特別強調一項重要的線索：當晚他在英才公寓來來去去都看見樓下停放著一輛排氣量三百五十西西的綠色摩托車，因此懷疑有人在他外出後殺害了裘麗。

案情撲朔迷離時，報紙紛紛流出各種小道消息，例如裘麗生前交的美軍男友都是年紀比她小二十多歲的年輕小伙子，而且從來不做非裔美軍的生意，顯示她從事吧女不是為了賺錢，而是純粹貪圖玩樂。交友複雜、愛慕虛榮，簡而言之遭到殺害大概也是咎由自取。

裘麗離了婚的丈夫失業住在屏東，因此她經常寄錢給兩個在南部讀書的兒子，逢年過節一家人偶爾在台中團聚。對比裘麗已經上了年紀卻還拋家棄子，魯茲的媒體形象則是一位具有家庭觀念的好丈夫，不但會打理家務還會幫忙洗小孩的衣服。個性內向、沈默低調、做事慢條斯理，他的妻子對於他在五權路買了一個小時的水餃一點也不覺得意外，也很納悶丈夫為何捲入這場命案之中。

然而辦案人員在裘麗家中並沒有發現咖啡，驗屍的結果指出從胃部殘留的食物判斷，裘麗在死前四十分鐘進食過。另一方面，綠色摩托車的原車主雖然曾是裘麗的男友，但是對方在案發兩個月前就已經飛往越南。進一步調查五權路附近的水餃攤販，他們都說當晚沒有見過魯茲，其中一家位於駱駝書店旁的毛記水餃老闆表示他經常營業到凌晨四點後才打烊。

法醫在解剖化驗時發現了兩根不屬於裘麗的體毛，成為破案的關鍵鑰匙。也在同一時間，辦案人員鎖定了一位嫌疑犯，循線找到一位曾經與嫌疑犯同居過的啞巴吧女美麗。美麗指認照片，表示她曾經在一年前與對方同居，但是他經常不支付生活費用，喜歡在做愛時將異性的雙手反綁，如果不從命就會出手毆打掐住脖子不放，情節幾乎與裘麗的受害狀況相仿。

四月二十七日上午，也就是在案發不到五天後，美軍方面開始有了動作。魯茲所屬的第三七四作戰支援大隊指揮官寄出一份通知書至台中地檢處，表示根據《在華美軍地位協定》，中華民國在接獲這份通知書起應於二十一日內通知美方是否「撤回管轄權之捨棄」。檢察官判斷，美方突然提前通知的舉動似乎想趁著證據尚未完備之際影響司法的決定。

不過在初步檢驗體毛以後，檢察官更加確定一名美軍涉有重嫌；為了避免超過期限，於是呈文請示「撤回管轄權之捨棄」。這份公文先是通過地方法院檢查處、高等法院檢查處，由司法行政部往上轉呈行政院，等到行政院秘書處與外交部研商討論無異議後再以命令下行至地檢處，向美軍當局正式撤回管轄權之捨棄。

但是，什麼又是「撤回管轄權之捨棄」？中華民國的司法機關在審判一名美軍嫌疑犯時為何要透過這麼多重的關卡？

原來根據《在華美軍地位協定》，除了「危害中華民國安全」、「致人死亡」、「搶劫」、「強姦」、「縱火」、「非法持有與販運毒品」等六種犯罪行為之外，原則上由中華民國捨棄刑事管轄權交予美國行使，代表美軍在台灣犯下的大部分罪行都不歸中華民國管轄。即使裘麗之死明顯符合致人死亡，司法機關也得依照嚴格的程序向美方要求「撤回管轄權之捨棄」才能依法審判美軍。

此外，再根據地位協定另一條款的規定：「美軍人員、文職單位人員或其家屬為被告時，其看管應即由美國軍事當局任之，至一切司法程序結束時為止。」因此中華民國的司法機關也沒有美軍嫌疑犯的看管權，殺害裘麗的兇手直到審判程序終結為止都將由美方看管。

地檢處將「撤回管轄權之捨棄」照會美軍當局之後，正式指出命案的凶嫌就是魯茲，罪名是殺人及湮滅證據。檢察官陸續傳訊魯茲以及相關證人，開始模擬他買水餃的行進路線——魯茲從英才公寓出發在五權路散步，沿途發現水餃店都沒有開，照理來說在經過藍天使餐廳（Blue Angle）後應該要折返，不過他卻左轉進入五常街，幾乎繞了一個彎將路線拉長才回到英才公寓，彷彿是在刻意湊足一個小時的不在場時間。

魯茲供稱，當晚他經過五權路的藍天使時，有一名叫做「蘇西」的吧女邀請他過夜，但是警方查遍五權路所有的餐廳與酒吧並沒有找到蘇西這個人。魯茲又說，有一位叫做「法蘭克」的美軍友人曾見到他當晚人在藍天使，可是進一步詢問法蘭克的全名，他又表示對方已經前往越南。

一位五權路白雪酒吧的服務生作證說，他在命案發生的凌晨一時四十分左右從毛記水餃的攤上購買水餃，證明水餃攤當晚並沒有提早打烊。毛記水餃的老闆也說當晚並沒有看見魯茲，反而是命案發生的三天後，魯茲與另一位女子來到他的攤上詢問當晚的打烊時間，當他據實回答營業到凌晨四時，魯茲馬上露出無可奈何的失望表情。

六月二十八日上午，台中地方法院開庭審理，現場擠滿了旁聽人潮，也罕見地同時出現四名吧女證人。魯茲再次向庭上聲稱裘麗之死與他無關，而且他與裘麗是在案發當晚巧遇邂逅，所以沒有猝下毒手的理由，不過吧女們的證詞明顯都對魯茲不利：

許姓與羅姓吧女：「我們是英才公寓的房客，同住在裘麗樓下，案發當晚聽到樓上有女子罵人聲，間雜著哭泣和吵鬧聲。」

魯茲：「既然聽到女子哭聲，為何不報警處理？英才公寓的美軍很多，任何房間都可能出現爭吵聲，如何能確定聲音是來自裘麗的房間？」

戴姓吧女：「我在案發前六天的中午曾看見魯茲出現在裘麗的房門口，手扶欄杆而立。」

魯茲：「我當天人在清泉崗基地值班，有紀錄可查，根本無法分身。」

輪到啞巴吧女美麗作證時，由啟聰學校的老師擔任手語翻譯，她表示曾經與魯茲同居七個月，後來因為他不付生活費而分手，並且指出魯茲的性行為異於常人。魯茲反駁美麗是因為當初未能與他結婚，所以才做出報復性的指控。

美軍方面提交了一份長達數十頁的心理報告，由美軍協防司令部從菲律賓聘請專家中校與魯茲進行詳盡談話，測驗結果證明魯茲精神正常，並不會對女性施加暴力；美軍方面也提出一項實驗，只要在魯茲體內注射「誠實血清」，他就只能說實話而無法說謊話。法庭認為注射誠實血清後魯茲是在喪失自由意志下做出陳述，因此不能作為偵查案件的證據。

不過真正讓魯茲無法脫嫌的卻是兩根關鍵體毛。毛髮專家指出體毛的鑑定共分二十六項，除了最後六項涉及切片沒有採用以外，經過前二十項的對比鑑定後都證明裘麗身上的外國人體毛與魯茲的毛髮相同；即使將證物與對照組送往美國陸軍駐日刑事調查實驗室，不到一個月出爐的結論也與台灣原初的鑑定結果相同。

一審判決時，台中高分院刑庭以過失致死罪判處魯茲一年六個月徒刑。到了二審時，法院改判魯茲殺人罪處五年徒刑，理由是裘麗是被勒著頸部致死，明顯為故意殺人，但因為魯茲支援反共戰爭不無勞績，命案又是由裘麗之侮辱謾罵而引起，所以情況尚可憫恕，依法減刑二分之一。然而歷經三年的調查與訴訟，最高法院在一九七五年六月十八日依殺人罪改判魯茲十年徒刑。

當時的報紙引用起訴書，生動地描寫裘麗遇害時一邊反抗哭泣，一邊以英語咒罵魯茲「狗娘養的」（You son of bitch）、「滾回清泉崗」（Go back C. C. K.）。但是魯茲從頭到尾聲稱裘麗之死與他無關，檢察官與記者也不在案發現場，他們又是如何得知裘麗因為說了這些話語而招致死亡？

起訴書裡有著這麼一段調查紀錄：案發當晚魯茲離開清泉崗基地，先是前往大雅鄉的東京酒吧買醉，緊接著走去雙美餐廳與裘麗碰面，兩人再共乘計程車開往英才公寓。這一路上，包括美軍基地、吧女公寓、藍天使餐廳等沿途風景，這一切又是如何建構出來的？

同樣都是致人於死，我們只知道林博文是在軍法凌駕於所有法律狀態下遭到速審速決，在不到三個月的時間內判處死刑，但是他以及他所象徵的賽珍珠基金會混血兒到底又是如何誕生的？我們也只知道魯茲受到《在華美軍地位協定》的保障，按照正常法律程序以求勿枉勿縱，最後耗費了三年的時間定讞，但是這張國際協定的背後又是用什麼代價換來的，還有他真的有在台灣服完應得的刑期嗎？至於貪圖玩樂、愛慕虛榮，四十五歲還跑去酒吧與美軍周旋的裘麗，她以及她的英才公寓姐妹們又曾經劃下什麼樣的時代意義呢？

台中清泉崗基地：《中美共同防禦條約》與其縮影

時值中華民國建國一百年，清泉崗基地設立了一座美軍足跡館，外型是白色的尖塔搭配暗紅色的磚瓦圍牆，改建自廢棄許久的美軍教堂。從大門進入可以看見正中央的白牆掛著黃色十字架，十字架的前方是牧師講壇，方形講桌上面擺放著老舊的《聖經》，據說是美軍撤離時留下來的遺物；講桌底下是一排排的木製長椅，後方還特別開闢了一間告解室，四周圍的空間則是刻意布置聖經故事裡的歷史人物畫像。

美軍足跡館的入口處有一幅清泉崗基地的空照圖，當時教堂的正對面是美國大兵經常出入的電影院，附近的設施有銀行、招待所、保齡球館、圖書館、體育館、游泳池、高爾夫球場、眷屬宿舍、郵局、醫院、西餐廳等等，自成一處生活機能健全的美國小城鎮。

片長二十分鐘的導覽影片如此介紹這一塊區域：「為了讓官兵一解思鄉之愁，美軍在生活區仿照美軍基地的規模和環境，建造了一個類似美國城市的區域，除了相關生活措施外，還包括紅十字會、法律辦公室等，應有盡有。」導覽人員也解說當時的美軍與中華民國國軍的活動區域基本上是井水不犯河水。

當年的美軍老兵透過網路聯繫，陸續將部分文物捐贈給清泉崗基地，因此館內陳列許多老照片以及各軍種的紀念幣，展覽說明文字也主要在緬懷中美合作的美好時光。特別引起我注意的是一張一九六九年的照片，上頭是一名白人美軍與俱樂部女服務員的合影，後面也跟著入鏡的黑板

美軍足跡館照片

列出四種飲料的價目表：調酒（Mixed Drinks）新台幣二十元、無酒精飲料（Soft Drinks）免費、台灣啤酒（Taiwan Beer）新台幣三十元，至於最貴的「陪酒」（Girls Drinks）則是新台幣五十元，頗有「喝大酒」的味道——由美軍點一杯飲料附帶吧女的陪伴，事後他也可以將吧女帶出場進行其他交易，遊走國家機器嚴禁色情的模糊地帶。至於賺大酒的錢據說是酒吧與吧女另外談分潤，通常為吧女分得一半。

美軍在越戰期間轟炸越共的B-52當然也不會在展覽裡缺席，一幅大型輸出的海報顯示它曾經降落在清泉崗基地的停機坪。弔詭的是，象徵和平與非暴力的教堂空間竟然展演著B-52的影像。

關於B-52戰略轟炸機，我想起導演楊德昌在《光陰的故事》裡拍攝的短片〈指望〉當中，透過一幕六〇年代的家庭場景提供一個有意無意的時代連結。影像裡的電視機畫面先是出現披頭四在日本東京武道館演唱Ticket To Ride的新聞片段，下一則播報消息卻是B-52針對越共進行第五次轟炸的影像。此時，美軍全面投入越戰只不過是一則與台灣毫不相干的國際新聞而已，儘管可能連楊德昌都沒有意識到的是，這座名為「同溫層堡壘」的轟炸機從沖繩嘉手納基地起飛，中途停靠台中清泉崗基地，緊接著開往越南實施高密度的空襲。

老照片裡也有幾張美軍集體行動的影像，大致上在一群三十多人的美軍當中只能隱約看見兩三名非裔大兵。在賽珍珠基金會的檔案裡，出生在台中的混血兒大約占所有檔案的七分之一，照片裡的美軍會有混血兒的父親嗎？

一九五六年八月，中美雙方開始擴建清泉崗基地的前身公館軍機場，由美國出資建造、國民黨政府負責徵收土地，總計耗資兩千五百萬美元，也在歷時三年之後舉行啟用典禮。對於美國的戰略意義而言，遠在關島的安德森空軍基地距離中國大陸約一千八百英里，新建的清泉崗基地將距離大幅縮小至僅僅一百英里，也將北京以及其他主要城市涵蓋在攻擊範圍內。另一方面，清泉崗基地往北連結沖繩嘉手納空軍基地，往南連結菲律賓克拉克空軍基地，使得美國在亞洲有了完整的空防體系。

即使台灣海峽的雙邊事後沒有發生大規模的武裝衝突，清泉崗基地在越戰期間也發揮了中繼補給站的作用。當時美國 C-130 運輸機陸續進駐支援對越作戰，而從關島出發的上百架 B-52 如果在飛行途中發生故障也可以臨時迫降。美軍也在鄰近區域興建七座大油庫供應 B-52 加油所需，因此直到今日都還可以看到大型舊油庫的遺址[4]。

4 陳文樹、陳正和（二〇〇九），〈清水鎮的大油庫——越戰歷史見證〉，第六十七～六十八頁。

美軍在一九六三年因應越戰情勢開始集結於清泉崗基地，前後超過四千人進出台中，直到一九七九年美國與中共建交才全數撤離台灣。根據美軍足跡館的書面介紹，這段期間在美軍顧問團的指導下，空軍聯隊不論是在飛行、修護、基勤、通航、醫護、氣象等方面都獲得顯著的進步。

因此對於中華民國而言，一九六三年是奠定空軍現代化基礎的一年。對於林博文而言，這一年也是他出生的前一年。對於裘麗而言，這一年也是她脫離家庭前往五權路工作的一年。對於魯茲而言，這一年他還未成年，但清泉崗基地已經預先在他的未來裡扮演著命運的轉捩點。

清泉崗基地的落成以及美軍最後從此撤出的法源依據，都來自於一九五四年十二月二日在華盛頓簽訂的《中美共同防禦條約》，此時看不見的國際政治運作也悄悄介入所有人的命運。根據共同防禦條約第七條規定：「中華民國政府給予，美利堅合眾國政府接受，依共同協議之決定，在台灣澎湖及其附近，為其防衛所需而部署美國陸海空軍之權利。」以及第十條規定：「本條約應無限期有效。任一締約國得於廢約之通知送達另一締約國一年後，予以終止。」

《中美共同防禦條約》又透露出什麼樣的訊息？除了在宣傳效果上代表著自由主義陣營與共產主義陣營的對峙里程碑，美國在條約文字上刻意避免提及台灣澎湖以外的沿海島嶼到底該如何處置，也預先設置一道防火牆避免自己捲入失控的國共戰爭中。此外，美國可以依照共同決定的名義在台灣澎湖各個地點駐軍以及興建軍事工程，並且在當時的戒嚴體制之下似乎也不需要過問當地居民的意見。

大約與清泉崗基地的興建發生在同一時期，日本東京都砂川町的農民為了反對美軍立川基地的擴建，從一九五五年九月以來與鎮暴警察產生零星的流血衝突[5]；另一方面，隨著美軍任意殘殺沖繩女性的事件與日俱增，以及抗議美軍暴力徵收軍用地的土地政策，當地民眾在一九五六年六月發起舉島鬥爭[6]，但是類似的反基地聲浪完全沒有條件發生在白色恐怖時期的台灣。

而且，共同防禦條約「應無限期有效」。我認為可以繼續參照沖繩的例子：發生在二〇一七年耶誕節前夕，一塊美軍直升機的窗框玻璃從天而降，意外的耶誕節禮物砸向緊鄰

5　吉見俊哉（二〇一三），《親美與反美——戰後日本的政治無意識》，第一百四十頁。

6　新崎盛暉（二〇一〇），《沖繩現代史》，第八十三～九十一頁。

普天間基地的小學操場，造成一名沖繩男童受到輕傷。如果不是美國後來與共同防禦條約的假想敵中共建交，類似的基地意外大概也會在台灣反覆上演。

總之，清泉崗基地與《中美共同防禦條約》緊密關聯，卻也無法孤立起來解讀。自從五〇年代的韓戰開啟冷戰局面，美國在短時間內簽署了一系列共同防禦協定，也陸續在東亞地區施工動土，打造一條軍事島鏈——包括一九五三年十月的《美韓共同防禦條約》，一九五四年十二月的《中美共同防禦條約》，一九五八年八月生效的《美菲共同防禦條約》以及一九六〇年一月重新協商的《美日安保條約》，逐漸將南韓、日本、沖繩、台灣、菲律賓納入冷戰布署下的博弈棋子，更進一步地將勢力延伸至中南半島。

美國賽珍珠基金會成立各個分會的時間點，與這些條約互相對照才具有意義：南韓分會設立於一九六五年，泰國分會設立於一九六七年，沖繩、台灣、菲律賓分會依序設立於一九六八年，越南分會設立於一九七一年，混血兒成為「可以看見」的問題也正好是美國與各個東亞政府在談判桌上達成協議的十年之後。

緊緊交纏的數字：渡假計畫編年史

一九五八年至一九六四年：混血兒與在台美軍人數

透過魯茲，我們可以看見橫亙在他背後的清泉崗基地；透過林博文以及所有混血兒的出生年月日，我們可以清晰地劃出一條美國在台灣的勢力演變。

統計賽珍珠基金會的亞美混血兒檔案，混血兒的出生年橫跨五〇年代到八〇年代，其中檔案明確指出父親是美軍的混血兒，年紀最大和年紀最小的分別在一九五二年與一九七九年出生。混血兒的出生人數也與台灣的冷戰歷史產生微妙的連結：從《中美共同防禦條約》生效以後逐漸攀升，並且在美國與中共建交的一九七八年跌至最低點。隔年《中美共同防禦條約》失去效力，八〇年代以後出生的混血兒也與美軍沒有任何關係。

如果將混血兒的出生年統計與外交部檔案「美軍在台人數報表」互相對照，更可以證明包括魯茲在內的駐台美軍直接影響混血兒的誕生。只是這份多達二百五十五頁的報表本身也隱約透露出以下訊息：一、報表初期原本每週統計一次，在一九六五年越戰白熱化以後改為每月統計一次，顯示國民黨政府隨時緊盯著美軍人數。二、即使如此，國民黨政府似乎也無法確切掌握美軍人數，例如一九七二年發生報表比起前期突然暴增約一千兩百多人，

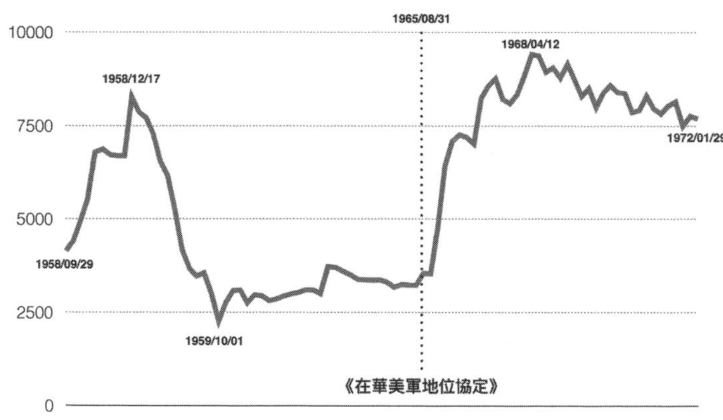

（上）混血兒出生人數折線圖
（下）美軍在台人數折線圖

原因是「部分美軍單位以前未列入統計」。三、報表從一九五八年八二三炮戰期間開始計算，最後終止於一九七二年五月二十三日，而這個時間點正值尼克森訪問中國三個月以後，很可能美國軍方與國民黨政府之間的互信基礎已經不如以往。

混血兒的出生人數不但反映駐台美軍的人數變化，也與東亞的冷戰情勢環環相扣。從韓戰初期美國派遣第七艦隊中立台灣海峽，美軍顧問團與美軍協防司令部也陸續進駐台北。緊接著台灣海峽危機升高，美軍協防司令部將可攜帶核彈頭的屠牛士飛彈部署於台南空軍基地；隨後毛澤東宣布炮打金門，雙邊火力劇烈集中，美國海軍陸戰隊航空第十一大隊（Marine Aircraft Group 11）也從日本厚木海軍基地緊急調派到台灣駐防三個月，這段期間駐台美軍總數一度超過八千兩百人，混血兒出生人數更在隔年相應地攀上第一波高峰。

只是隨著越來越多美軍長期駐紮台灣，各種美軍犯罪案件也如同混血兒的誕生一樣無可避免，像是發生於八二三砲戰前夕的劉自然事件，[7]就意外暴露出治外法權的根本問題。由於一九五一年二月生效的《中美關於美軍援顧問團來華換文》承認美軍顧問團構成美國大

7 劉自然事件，又稱五二四事件。一九五七年三月二十日，美軍顧問團上士雷諾（Robert G. Reynolds）以正當防衛為理由槍殺革命實踐研究院的打字員劉自然，美軍法庭在歷經兩個月的審訊後宣判雷諾無罪。消息傳出後，上千名憤怒群眾在五月二十四日這一天破壞美國大使館與美國新聞處，演變為戰後台灣第一次大規模的反美運動。

使館的一部分，享有外交待遇與不可侵犯的特權；再加上共同防禦條約簽訂以後，駐台美軍完全比照美軍顧問團享有司法豁免權，均不歸中華民國管轄，意味著美軍曾經有長達近十五年的時間不受中華民國法律的約束[8]。

這樣的法律真空狀態直到一九六五年八月雙方簽訂《在華美軍地位協定》才有所規範，但是如同任何國際條約的成立都是起源於暴力，美軍地位協定也不無例外。根據當時任職於外交部北美司的錢復在回憶錄裡的揭露，協定在簽訂前歷經三十九次交涉，期間沖繩美軍前來台灣中部參與「天兵六號」演習，卻發生三名非裔美軍在彰化和豐村集體強暴毆打婦女的嚴重案件，意外演變為協定的催化劑。依照《美國統一軍法典》（Uniform Code of Military Justice）規定，軍事審判必須在部隊的駐紮地沖繩舉行，沒有管轄權的中華民國只能派遣觀察員到沖繩全程觀審，事後再策略性地向媒體釋放美軍強暴婦女的訊息，施壓美方加快協定談判的時程[9]。

就算協定的出現似乎代表美國作出了重大讓步，中華民國也只不過是收回部分法權而已，一則是美軍顧問團依然不在協定規範的範圍內，二則是當美軍犯下「危害中華民國安全」、「致人死亡」、「搶劫」、「強姦」、「縱火」、「非法持有與販運毒品」等重大罪行時，中華民國也必須告知美方「撤回管轄權之捨棄」才可以行使管轄權。

所以即使有了美軍地位協定，劉自然事件的結果還是相同；但是如果沒有美軍地位協定，英才公寓命案的判決結果很可能將有所不同。至於林博文的母親是在協定生效以前遭到性侵，無論對方是一般美軍還是美軍顧問團人員都享有司法豁免權，林博文可說是在《中美共同防禦條約》與《在華美軍地位協定》之間的法律空隙孕育而生的混血兒。

一九六五年：渡假美軍算是駐台美軍嗎？

巧合的是，《在華美軍地位協定》是在一九六五年八月簽訂，並且在隔年四月生效，混血兒出生人數卻也在協定出現以後大幅上升，更是前期的兩倍以上；同時駐台美軍人數也呈現一模一樣的攀升曲線，這段期間台灣內部與國際外部又發生什麼關鍵轉折呢？

一九六五年十一月二十九日，兩性作家薇薇夫人在《聯合報》的專欄裡寫了一篇勸世文，提醒女性切勿愛慕虛榮，要選擇品格良好的可靠配偶，不要被美金蒙蔽了眼睛。其中一段文字寫到：

8 查良鑑（一九六五），〈在華美軍定位協定與我國司法管轄權〉，頁十一。

9 錢復（二〇〇五），《錢復回憶錄．卷一》，頁九十二～九十七。

雖然每批來台渡假的美軍只逗留五天，但感情的發生有時是快過閃電的。何況有金元和「天堂」作媒介，那正是很多人夢寐以求的。君不見有些徵婚啟事，男方不但英俊有為，連積蓄多少也刊登出來。女方把「經濟基礎」列為擇偶條件之一，金元比起台幣來又重得多了。而到美國坐汽車、吃牛油又是多少人嚮往的美夢呢。

薇薇夫人在專欄文章的最後還有著貼心的叮嚀：「報載來台渡假的美軍大都是喜愛藝文方面，和熱愛中國文化的，可能會使吧女等大失所望」。

同一份《聯合報》裡也刊登了一則報導，標題是「台灣最為安全／適合美軍渡假」，內文引述協了美軍 D807 巡邏艦艦長的談話：

美國海軍最喜歡來到中華民國台灣各港口渡假，原因是台灣比其他東南北亞的地方都安全，現在到處都有暴動、示威或罷工的風潮，唯獨台灣例外。我率領官兵來台渡假最感安心和快慰，一個官兵上岸玩樂，晚間回艦時雖然醉得瘋瘋癲癲，但從不發生意外，很安然的一個人回來了，如果在其他地方如日本等地則不然，常常發生不愉快的事件。

這位艦長也給予建設性的批評：「基隆各旅社、酒吧以及娛樂場所，都在港口鄰近，我們上岸玩樂覺得很方便，而且中國憲警對我們照料很週到。如果環境衛生更能整頓一番，就盡善盡美了」。

美軍艦長的這段言論，隨即很有效率地節錄在隔天的省府委員會議紀錄，時任台灣省政府主席的黃杰揣摩了美軍艦長的上意後，給予以下的指示：「言外之意，就是表示臺灣省的環境衛生需要加以整頓，希衛生處及有關單位加以注意」。

如同這位美軍艦長所說，一九六五年確實是風雨欲來的一年。二月，美軍開始針對中南半島進行大規模轟炸。四月，由日本知識分子組成的「越平連」（ベトナムに平和を！市民連合）展開示威活動，強烈呼籲越南和平。七月，B-52 從沖繩起飛轟炸越南，再度將沖繩推進戰爭深淵。八月，一架 C-130 運輸機從香港啟德機場飛往越南，卻在起飛不久墜落維多利亞港油塘海面，總計造成五十九名美軍死亡，也是香港至今死亡人數最多的空難。

至於最為安全也沒有反美情緒的台灣，則是在十一月二十五日以美軍來台渡假計畫揭開序幕。第一批從越南西貢抵達松山機場的美軍總共有五十三人，背景有陸戰隊、傘兵以及陸軍人員，各個穿著黃卡其色制服魚貫下機，隨即搭乘兩台美國學校的大巴士前往中山北路三段的聯勤第一美軍招待所。只是過程中他們的隨身行李沒有經過海關人員檢查，也沒有任何人接受檢疫。

除此之外，新的問題也立即浮現：這批短暫停留五天的渡假美軍又該如何規範？假如他們在台灣犯罪適用於美軍地位協定嗎？

按照國民黨政府原本的期待，在台灣負責協防任務的美軍，與飛來台灣渡假的美軍應該有所區別，因此渡假美軍並不享有司法豁免權。但是直到松山機場連續接待三批渡假美軍之後，外交部才得知美方要求渡假美軍比照美軍顧問團人員享有外交特權。外交部隨即表達異議，美方則是以取消渡假計畫作為回應：

> 本部持口述原則告知美方後，美國大使館及協防司令部即表示強烈之反應。美國大使館重於十二月六日異復本部盼我對本案重予考慮，並說明倘中美雙方無法獲致協議時，美政府當對派駐越美軍來華渡假一事重做考慮。美國代辦恆安石曾兩度來訪本部沈次長[10]說明美軍渡假人員比照日、菲及北協國家均享受地位協定所規定之同等地位及權利，請我於地位協定生效前比照顧問團人員待遇，地位協定生效後比照地位協定人員待遇。

導致雙方僵持的癥結點在於，外交部認為協定當中的美軍人員定義包含「駐在」二字，所以渡假美軍自然排除在外；美方則是堅持渡假美軍在越南作戰也算是共同抵抗共產黨侵略，所以無法接受僅僅只是普通旅客的身份。時任北美司科長的錢復事後如此分析法權問題：

> 本案至此，雙方之立場均甚明顯，倘任何一方不稍微讓步，則駐越美軍人員來華渡假之計劃可能中止，其對中美友好關係可能發生影響。目前我除應設法說服美方，接受我方意見外，似亦應對如何在不違反我政府對華案既定原則之前提下，酌量接受美方意見一節予以考慮。

由當時的情勢看來，國民黨政府的確沒有任何理由抗拒美軍渡假計畫。首先是美援，美國在一九五一年以來提供給中華民國的經濟援助總共接近十五億美元，但是這筆平均每年一億美元的挹注剛好在渡假計畫開始前終止。再者，日本在韓戰期間成為美軍的補給基地，台灣在越戰期間也有望比照日本模式賺取大筆戰爭財，尤其美國太平洋協防司令總部

10 沈錡（一九一七年生，二〇〇四年歿），曾任行政院新聞局局長、外交部政務次長以及派任多國大使。

在十二月十一日這一天致函基隆市政府，宣布從明年開始每月不但有十五艘軍艦抵達基隆，每月也將有四千五百名美軍來台渡假，預計帶來更多觀光效益[11]。

此外，自從香港啟德機場發生墜機事件以後，美國開始在東亞尋覓其他渡假景點，並且在台灣之後找上菲律賓。雖然菲律賓政府僅准許限量美軍入境以及禁止美軍集中於馬尼拉渡假，但是這些訊息也顯示美國確實可以略過台灣，與馬來西亞、新加坡、澳洲等國家簽署渡假協議。

只是國民黨政府必須先擺平內部的立法院，特別是前些年受到劉自然和馬曉軍事件[12]的影響，外交部在協定審查期間就已經說明渡假美軍不享有任何豁免權，此時如果再次徵求立法院的同意勢必將遭遇更大的反彈。因此外交部事先設計的讓步方法是，由美國軍方個別給予渡假美軍臨時公差（Temporary Duty Order），使他們暫時成為美軍協防司令部的一員，如此一來就可以技巧性地繞過立法院讓渡假美軍享有協定待遇。

十二月十四日，外交部次長沈錡與美國大使館代辦恆安石見面會談，美方再度要求中華民國比照日本、菲律賓的協定，將渡假美軍列入駐台美軍的範圍：

恆代辦：在華美軍地位協定中關於「美軍人員」之定義，與日協及菲協均同，而美軍渡假人員在日、菲均視為地位協定所規定之美軍人員，倘在貴國獨有例外，則恐引起日、菲兩國之爭議。

沈次長：在中美兩國談判地位協定之十年過程中，美方代表從未說明來華渡假之美軍人員亦應受該協定之管轄，吾人始終認為地位協定根據共同防禦條約而來，其所規定之美軍人員，應限於執行協防任務之人員。貴代辦提及日、菲兩國協定與我協定相同，倘我獨不以地位協定之待遇寄予渡假美軍可能引起日菲兩國之異議，本人認為並非如此，因日、菲兩協定早已簽訂，行之多年，日菲兩國均未要求將渡假人員排除於「美軍人員」之外，而我國之地位協定則尚未生效，而我國已提出問題，故兩者不能相提並論。又今日上午本人曾提出渡假人員是否可持有臨時差假証，未意是否已向有關當局洽詢？

恆代辦：已予洽詢，惟本人須說明，美國政府所希望者並非事實（de facto）之解決，而希望中美兩國對地位協定中「美軍人員」一詞之定義有一致之看法，即渡假美軍

---

11 根據「在台美軍人數報表」，一九六六年二月僅有四百三十二名美軍來台渡假，即使最高峰的一九六六年十一月也僅有兩千八百三十二名，顯然與當初提到的每月四千五百人有不小的距離。

12 發生在一九五九年二月二十三日，美軍顧問團上士德倫茲酒駕，撞死高齡七十九歲的立法委員馬曉軍，事後德倫茲自特級上士降級為一級上士，並連續六個月扣薪一百美元。

亦為美軍人員之一部分。

沈次長：關於對「美軍人員」定義之解釋，貴我兩國之看法並不一致。就本人在報端所閱，目前來華渡假之美軍人員僅有四批，人數每次僅數十人，故在目前，即使停止渡假計劃，當不至發生重大困難。

恆代辦：最近渡假人員之數目較少，並非因吾人談判彼等地位問題而引起，據本人所知，曾有兩批人員原已奉命來華渡假，臨時因作戰需要，而奉命開往他處。

談話至四時二十分結束。

也在同一天，駐美大使周書楷致電回報來自美國國務院的態度，也提及了華沙會談以後美國與中共之間不尋常的風吹草動：

今年晤彭岱助理國務卿時，（一）彼提及來華渡假美軍地位問題謂：美政府原盼予比照美軍顧問團人員待遇，我自有困難，惟美軍地位協定又未生效，甚盼雙方能有君子諒解，倘生案件，即依該協定原則處理，我方除非必要，不堅持管轄權，若無此項諒解，美政府甚難鼓勵軍人赴台渡假。本案已在台北交涉中，惟國務院甚為關切，故亦請職轉報。（二）職表示：據美聯社華沙報導，謠傳美匪除大使級談判外，將有更高層接觸，國務院發言人項雖已否認，惟我仍表關切。彼謂：該項報導純屬無稽。

雖然事後隨著越戰全面升級，美國轟炸機一度在東京灣誤射中國漁船，導致雙方對立加劇，不過為了持續維持中美友好關係，國民黨政府不再堅持渡假美軍和駐台美軍應該有所區別，轉而將渡假計畫視為中美公關宣傳策略的一部分。十二月十七日，周書楷再次致電表達他的看法：

據職瞭解，美公私團體個人至遠東旅行，對我友好之國務院官員多鼓勵其順道訪台，對我不友好之官員則儘量設詞勸阻赴台。本案固牽涉甚廣，職意似可自其對國內社會政治及中美關係之影響着眼，如害多利少，不妨以協定為詞婉拒。但如對一般宣傳及中美關係利多弊少，則無妨仿效美軍來台演習例[13]。雙方成立臨時性協議，由着重於如何預防事件發生，責由美方對渡假美軍多加約束，以免拒絕後雙方不愉快。

13　根據「一九六五年中美聯合演習對於政府財產損害賠償以及美軍地位之換函」，來台參與演習的美軍人員比照美軍顧問團享有完全的豁免權。

所以對於國民黨政府而言，允許渡假美軍來台觀光毫無疑問是利大於弊。只是從談判的相關文件裡也沒有看到外交部事先評估會帶來多少觀光效應，以及大量的外籍軍人湧入可能會造成什麼社會影響。根據一份當時的中美聯合巡邏會議紀錄，憲警在台北國賓飯店查獲一名渡假美軍軍醫的房間內藏有一把美造手槍，微小的跡象顯示渡假計畫已經浮現安全破洞。

就在渡假美軍享受了約莫五個月的司法豁免權之後，雙方終於達成協議。一九六六年四月十二日，恆安石正式致函外交部長沈昌煥，同意渡假美軍在台灣期間暫時受到美軍協防司令部的管轄，於緊急狀況發生時共同擔任協防任務，讓渡假美軍搖身一變成為保衛中華民國的駐台美軍：

關於根據貴我兩國政府於一九六五年八月卅一日簽訂之在華美軍地位協定第七條第四項規定進入協定地區之屬於美利堅合眾國陸、海、空軍現役軍士人員，本人謹奉告閣下：上述人員，包括持有旅行命令現為休假或渡假目的在協定地區之人員在內，自彼等進入協定地區之時開始至彼等離境為止，均受美國台灣協防司令之管轄並受彼等所屬軍種在協定地區內最高司令官之軍法管轄，倘於必須引用貴我兩國政府一九五四年十二月二日於華盛頓簽訂之共同防禦條約第五條[14]之規定時，將受上述司令官之指揮。美國台灣協防司令應負責依照美軍定位協定第七條第七項之規定，「將上述人員中倘因身份變更致其留居協定地區不復受地位協定之拘束者通知中國當局。」

於是，一九六五年，有三個事件依序碰撞在一起，最後互相強化：包括美援終止、《在華美軍定位協定》的簽署與生效，以及越南美軍前來台灣渡假。一九六五年，如同導演吳念真在電影《太平天國》裡設置的渡假天堂一樣：一處南台灣的鄉村為了迎接美軍演習，開始在廣袤的農田裡興建起一間美式酒吧，鄉間學校的女老師不忘提醒小學生們要表現泱泱大國的風度，見到美國人時記得要微笑揮揮手說哈囉（hello），隨後一個短暫定格的黑畫面寫著：「美國人來了！」

一九六六年至一九七〇年：玫瑰玫瑰我愛你

越南美軍每年都有三十天的例假，不過休息復原計畫（Rest and Recuperation program）

14 《中美共同防禦條約》第五條規定：「每一締約國承認對在西太平洋區域內任一締約國領土之武裝攻擊，即將危及其本身之和平與安全。茲並宣告將依其憲法程序採取行動，以對付此共同危險。」

卻是額外五天的亞洲假期，由泛美航空公司負責客運業務。美軍分別從越南的峴港、金蘭灣、新山一機場出發，在飛行途中聽取渡假事宜的簡報以及返回越南時的相關規定，每個人都會拿到一份「歡迎美軍來台」的資料夾，裡面附有來台渡假美軍須知、觀光遊程、台灣簡介、住宿消費指南、特別勤務單位地址；當然，也有台北三十家酒吧的概況和美國海軍供應處歡迎渡假美軍等資料。

當專機抵達松山機場後，美軍轉搭交通車前往圓山的美軍渡假服務中心辦理報到手續。渡假中心由一位美國陸軍上尉主持，以及其他軍官和士官共同協助辦理，程序約一個半小時處理完畢。隨即美軍從渡假中心指定的四十間旅館裡任選一家下榻，單人房間的價格每晚三至八美元不等，假如住進中華民國旅館事業協會的會員旅館還可以再享有八折優待。

渡假計畫初期的來台美軍還沒有很多，大約每隔四天一批，每次三十人至四十人。直到一九六六年九月以後開始每天一批，再逐漸增加為每天兩批，每天也約有一百七十名美軍抵達台北。由於美軍都有五天的假期，換算下來等於每天在台灣的渡假美軍約有六百名。

當時前來渡假的人員還包含美軍眷屬，以及南韓、紐西蘭、澳洲等在越南共同支援反共戰爭的盟軍。到了七〇年代，美國中央情報局召募美國及非美國文職人員在寮國負責領導部落突擊隊與越共作戰，其中開出來的福利之一就是可以前往台灣渡假一週。台灣儼然成為越戰的世外天堂。

渡假美軍除了個人薪餉，還有休假補助金一百二十五美元。截至一九六七年，渡假美軍累計了將近七萬人，假設每人平均消費二百五十美元，短短兩年的時間內估計為台灣帶入一千七百五十萬美元的消費金額。

美國國防部在一九六七年一月宣布派往越南的美軍已經超過四十七萬人，單是這一年前來台灣的美軍觀光客也有將近五萬人，此後渡假美軍人數在七〇年代結束前也維持每年約四萬人。另一方面，與渡假美軍完全不同性質的駐台美軍也在一九六八年三月超過九千四百人，自此之後也一直維持每年約八千人。

以上數字雖然代表台灣的觀光產業賺進了大把美金鈔票，卻也反映美國在東亞部署的兵力逐漸增強，無論是駐台美軍或渡假美軍都在這段時間雙雙達到了最高峰；有趣的是，隨著駐台美軍

表 1　美軍來台渡假人數（1965-1967 年）[15]

年份	人數
1965 年	461 人
1966 年	19,523 人
1967 年	49,795 人
總 計	69,779 人

15　引自交通部觀光事業局檔案（一九七一年六月至一九七二年四月），「越南美軍渡假接待」。

與渡假美軍都大量湧入台灣，前者偶爾會有宣示主權的舉動，像是根據警備總部的會議紀錄，駐紮於林口基地的美軍時常成群結隊自備洋酒，前往台北各酒吧佔領檯位不讓渡假美軍入座，又或者故意喝醉酒引發肢體衝突，一時成為警務處的管理困擾。

沒有人希望意外發生，但是台北在美軍地位協定生效的四個月以後發生一場熊熊大火。一九六六年七月，位於松江路的新台北大飯店傳出火警，八層大樓從第六層開始全遭焚毀，起因於一名渡假美軍酒醉亂丟菸蒂引起電線走火，事後燒死及摔死的名單當中包括兩名渡假美軍、兩名吧女，以及美國、日本商人各一名。

另一方面，打從渡假計畫一開始，美國海軍供應處時常派遣憲兵到台北各個酒吧與旅社進行突擊檢查，只要認定不符合衛生標準就給予警告，如果限期沒有改進就會在店家外面張貼「禁止美軍入內」（Off Limits）的標誌處分。

但這其實並不是美國軍方第一次使用 Off Limits，因為同樣的手段也曾應用在五〇年代的沖繩。美軍當局在一九五六年八月為了反制沖繩舉島上下的土地鬥爭，以治安和衛生為理由宣佈 Off Limits，禁止美軍及其眷屬進入以胡差市為中心的中部地區一帶，引起反美運動人士與基地相關從業人員之間的對立。反美遊行最後被迫中止，美方才解除禁令[16]。

即使按照美軍地位協定，美方並沒有單方面檢查特種行業店家的權力，但是為了保持渡假美軍的身體健康，美方轉而施壓店家管束吧檯的設備與吧女的身體，否則將讓酒吧老闆面臨門可羅雀的窘境。美軍顯然將過去統治沖繩的習慣帶到了台灣。

此時能夠針對美軍行徑提出批判的，反而是來自最為保守的政治派系。國民黨王師凱黨部在一九六六年十一月致電外交部，希望政府重新考慮渡假計畫以免造成社會問題，不但指出美軍地位協定有損中華民國法律尊嚴，更基於中國民族的立場對於跨種族雜交的景象憂心忡忡：

> 馬來人外國人到台灣觀光只是來找女人，對於我們的民族自尊心與自信力打擊甚大。梅毒傳染結果，勢必貽禍後代民族。種族雜交，難免不步日本後塵遺下大批混血孤兒造成嚴重社會問題。對於傳統的「人禽」、「義利」、「華夷」三辯精神摧毀無遺。

只是王師凱黨部的諫言並沒有受到重視。國民黨政府持續推動一系列友善接待美軍的措施，包括通知各旅社不得哄抬房租、不得賄賂美軍渡假中心分配旅社名額、不得詐欺或

16 新崎盛暉（二〇一〇），《沖繩現代史》，頁一〇一～一〇三。

苛索美軍（按照當時警察局的規定，酒吧每小時內不得要求美軍酒客購買超過兩杯酒），以及為了讓美軍可以健健康康地返回越南與共產黨打仗更不得介紹私娼。

就在台灣熱烈擁抱美軍的同時，美軍所帶來的喜劇與悲劇也巧妙地濃縮在一九六六年十一月七日的《自立晚報》。其中一個版面的標題是：「兩百餘美軍抵花蓮渡假／吧孃們聞風趕往／酒吧業生意鼎盛」，內文提到美軍受到颱風的影響，一度延期並且取消花蓮行程，不過最終還是抵達花蓮港，一百五十名渡假美軍在下午時分上岸，使得市區街頭到處都是美軍的身影，位於南京街九十八號的浪子酒吧也因而生意興隆，一批吧女更是從台中等地聞風趕來花蓮。另一方面，這則新聞左邊又有一則短評，標題是：「觀光製造混血兒／社會平添新問題」，雖然字裡行間沒有提到美軍，不過內文指出隨著觀光業的發展，沒有父親的不幸混血兒也開始流浪街頭，解決之道只能針對妓女採取勸導，要求她們注意避孕的方法。

由上述的歷史新聞片段，我們可以再度看到「美軍的走向決定勞動力的方向」，就算在當時從台中到花蓮應該是舟車勞頓，但是吧女依然得跋山涉水前去後山淘取美金。提及花蓮，王禎和在一篇訪談裡談論《玫瑰玫瑰我愛你》的寫作動機，他記憶裡的花蓮酒吧或許就是浪子酒吧：

記得越南美軍第一次搭軍艦到花蓮度假，全花蓮市都忙碌起來，有的準備歡迎，有的忙著賺美金，報紙更忙用頭條新聞、花邊消息報導美軍來臨。全市五色繽紛，喜氣洋洋，最後讓花蓮人大開眼界的就是有座酒吧出現。酒吧，花蓮人聽都沒聽過，那裡見過哦！我那時年歲還輕，也和我媽媽一起去觀光。因為我們家住在街上，由於好奇，每晚都跑去那裡「領教」。酒吧是竹子搭成的，在裡面做買賣的吧女「色膽包天」，看得我們這些土花蓮人都傻眼，還有她們坐在三輪車裡的那種「今日看我」的冶蕩，以及美國軍人、憲兵在酒吧裡外走來走去的神氣，給我很深的印象[17]。

因此在《玫瑰玫瑰我愛你》裡為了接待前來花蓮的渡假美軍，上至市長議員安排大批的學生在港口列隊歡迎，下至民間公司連忙搭蓋豪華的臨時酒吧，並且選在市區的教堂開設吧女速成班。入選的吧女不僅被要求練習簡單的英文會話，而且在年齡、外貌、胸型、健康狀況等方面都要經過精挑細選，不允許有任何性病的可能。因為對於酒吧老闆而言，吧女就是商品，美軍就是美金。

17 王禎和（一九九四），《玫瑰玫瑰我愛你》，頁二五五。

陳映真也在〈六月裡的玫瑰花〉說了一則非裔渡假美軍與吧女的愛情故事，兩位作家在描寫美軍往事時都不約而同地使用了玫瑰的意象。玫瑰雖美，象徵著五天假期稍縱即逝的火紅愛情，然而玫瑰之刺，卻是當年有著「西貢玫瑰」外號的梅毒，隱約帶有著染上性病的諷刺含義。

即使美軍應該是造成性病交叉感染的主要來源，不過這一段玫瑰般的時光反而是吧女與性病劃上等號的時候。像是在一九六七年十一月，高雄美軍憲兵組發現巴黎、東京、上海、第一、長堤、友艾斯、愛皮西等七間酒吧有著連續五次以上的美軍感染性病紀錄，隨後正式

表 2　特種行業接受性病防治健康管理統計（1972 年 4 月）[18]

省轄市	行業數／從業人數	總計
基隆市	210 ／ 1121	878 ／ 6084
台中市	97 ／ 1143	
台南市	168 ／ 1290	
高雄市	403 ／ 2530	
行業	數目	人數
舞廳	13	1190
咖啡廳	99	1126
酒家	59	1036
酒吧	64	503
公娼	52	451
茶室	10	116
其他	581	1662

公告高雄美軍不要光顧以上店家。《聯合報》報導了這則地方新聞，在內文的最後建構出來的社會反應是：「由於美軍方面採取上項措施，足見高雄酒吧女服務生感染性病者不在少數。市民認為這是既不道德，又不光彩的現象，希望高雄市衛生局加強吧女體檢，嚴格防治性病。」

這一段玫瑰般的時光因此也是台灣開始建置性病防治體系的時候。無論是吧女、妓女、舞女都必須定期實施性病檢查領取健康合格證，一旦抓到暗娼也都先強迫注射藥劑。此外，凡是查獲有酒吧雇用未成年少女及無照吧女也一律勒令停業。在美軍渡假計畫結束時，台灣省接受性病防治健康管理的特種行業共有八百七十二家，女服務生總計六千〇八十四人。可以說，美國軍方勒令 Off Limits 的手段也迫使國民黨政府不得不自我規訓。

這一段玫瑰般的時光當然也是亞洲「妨害風化色情營業」最為蓬勃發展的時候。一九六七年十二月二十二日，《時代》雜誌報導越南美軍可以自由前往檀香山、東京、台北、新加坡、曼谷、馬尼拉、檳城、吉隆坡、雪梨渡假，記者形容美軍短短五天的降臨帶來意想不到的財富驚喜（Five-Day Bananza），總計每年為亞洲渡假區域創造七千兩百萬美元的

18 整理自《聯合報》，〈特種營業從業員／性病罹患率很高〉，一九七二年四月十七日，〇三版。

額外收入。

我委託在美國唸書的朋友從拍賣網站上購買這一本《時代》雜誌，當包裏飄洋過海來台、拿到手上迫不及待翻閱內頁的彩色照片時，我彷彿再一次看見典型的東方主義敘事。受過現代化教育、彬彬有禮的美軍以學習異國文化的探險姿態開發亞洲處女地，在日本富士山箱根町溫泉、泰國曼谷玉佛寺、昭披耶河等熱門景點留下到此一遊的身影。影像當中看不見亞洲男性，頂多只有去性徵的曼谷僧侶，最主要用來襯托美軍陽剛氣概的配角則是亞洲女性：在頭頓海灘穿著比基尼與美軍牽手玩耍的越南女人、在灣仔彩虹酒吧（Rainbow Bar）穿著旗袍短裙與美軍共舞的蘇絲黃女人、在曼谷泰式料理餐廳（Baan Thai）拿著湯匙餵食美軍的泰國女人，以及在東京淺草寺替美軍導覽並且想要練習英語的日本女人，而壓軸的最後一張照片是在靛色的浴池裡替美軍洗澡的兩名全裸台灣女人。

這張傳說中引發蔣介石震怒的裸浴照片，上方搭配的圖說是：「從台北搭乘二十分鐘的計程車到北投，當地總計有七十五家旅館提供熱硫磺浴，其中最值得一去的就是文士閣（Literary Inn）。雖然不是每個美軍都會丟下台北的樂子一探究竟，但像來自辛辛那提（Cincinnati）的二十一歲海軍憲兵下士亞倫貝利（Allen Bailey）是不會後悔做出這個決定。」

根據監察院提出的報告，當時包括北投文士閣在內，有在警察機關登記並且領有牌

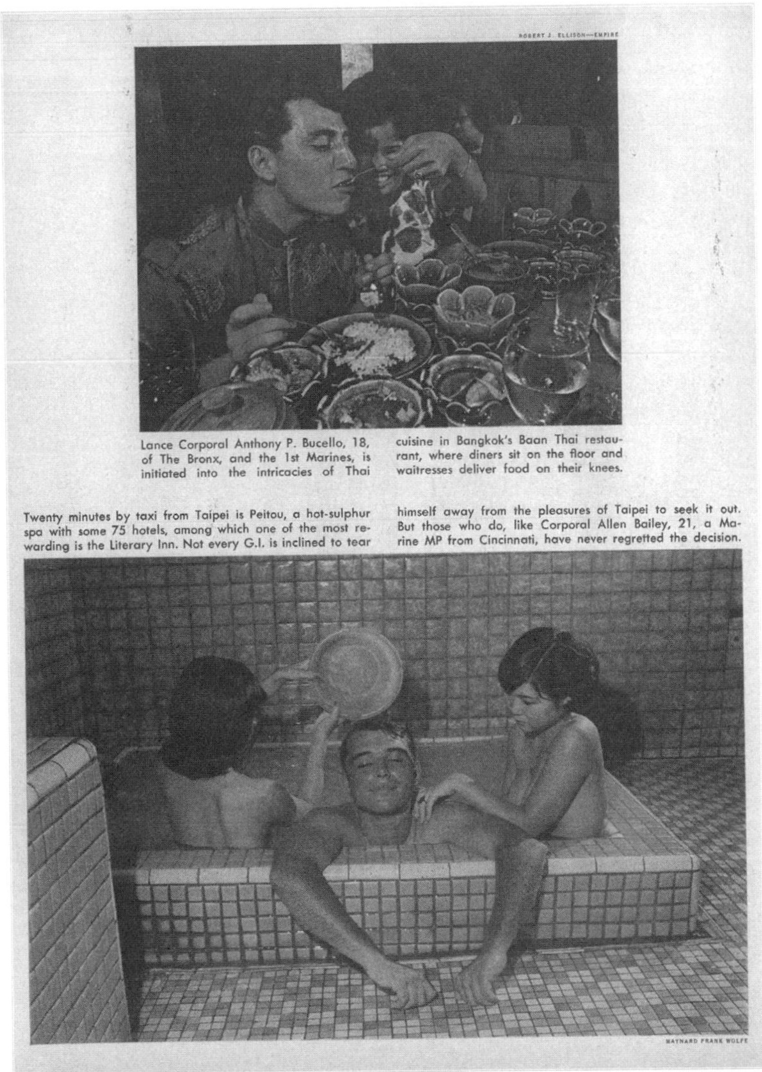
ROBERT J. ELLISON—EMPIRE

Lance Corporal Anthony P. Bucello, 18, of The Bronx, and the 1st Marines, is initiated into the intricacies of Thai cuisine in Bangkok's Baan Thai restaurant, where diners sit on the floor and waitresses deliver food on their knees.

Twenty minutes by taxi from Taipei is Peitou, a hot-sulphur spa with some 75 hotels, among which one of the most rewarding is the Literary Inn. Not every G.I. is inclined to tear himself away from the pleasures of Taipei to seek it out. But those who do, like Corporal Allen Bailey, 21, a Marine MP from Cincinnati, have never regretted the decision.

MAYNARD FRANK WOLFE

《TIME》雜誌 1967 年對於美軍渡假的報導

照的台灣省妓女戶、酒家、酒吧、茶室、咖啡館、舞場總共合計兩千一百二十二家，從業人數也達到兩萬六千七百二十八人，這些數字都還不包含旅館裡的暗娼陪宿。

但是這份負面數據非常值得反過來解讀：也是托美軍的福，大批從事美軍相關產業的女性終於可以正大光明地離家出走，各自尋求經濟自主的機會。例如一九六七年九月十九日，《經濟日報》刊登一則鄉下少女愛上美國人不願意回家的社會新聞，內容描述一對屏東老夫婦北上勸導女兒回家過中秋節，結果一氣之下扭著女兒前往警察局理論。原來他們的女兒兩年前來到台北找工作，但是在「別人的引誘下」進入中山北路成為吧女；他們雖然一度將女兒強行押回屏東，並且扣留她的身份證，但是女兒「已經迷惑於台北的繁榮」，又偷偷跑回中山北路的酒吧「過著燈紅酒綠的生活」，並且

表 3　台灣省從事妨害風化色情營業統計（1968 年 8 月）[19]

行業	數目	總計
妓女戶	478	2,122
酒家、酒吧、茶室、咖啡館、舞場	1,644	
職業	**從業人數**	**總計**
公娼	3,451	26,728
女服務生	18,868	
舞女	4,409	

與一位美國青年談戀愛準備結婚。屏東老夫婦在警察局苦勸了一個下午，但是女兒絲毫不為所動，堅持為了自己的前途留在台北，最後老夫婦只好提著包袱含著淚水走出警察局，準備再過一次「月圓人未圓的中秋節」。

同一年十二月十三日的《經濟日報》又刊登了另一則讀起來有點像是八卦傳聞的新聞，標題是「賺美鈔／新花樣／渡假到家」，或許有助於理解屏東少女離家的意義，以及她在中山北路又是過著什麼樣的燈紅酒綠生活。報導指出有些腦筋動得快的黃牛開始在越南投放廣告、派遣專人招攬渡假美軍，美軍只要在登機前預先繳交訂金，抵達台北以後就會有黃牛引他們回「家」。這些「家」有的設備豪華，有的標榜鄉村景色，有的刻意營造出東方式格局，不但院子裡有盆景、假山、水塘、游魚，室內也擺設古式紅木床、太師椅、水菸筒，連打雜倒茶的老媽子都得戴上假髮髻扮作民國初年的模樣，至於女主人所穿著的長裙兩側「有如旗袍一般地開叉」，在陪伴美軍外出時則改穿低胸的迷你裝。

報導也披露黃牛按照美軍開出來的預算推出A、B、C三種招待等級。A級每日四十美元，可以享受「家」的渡假或者住進最高級觀光飯店，有高級女郎伴遊，出入有車；B級

19　整理自《聯合報》，〈色情泛濫問題嚴重／監委促請廢除公娼〉，一九六八年八月二十三日，〇六版。

每日三十美元，可以享受一般的渡假與旅行，有女郎伴遊，參觀台北以外的名勝古蹟；C級每日二十美元，同樣有女郎伴遊，但是遊覽區域只限台北附近。由於招待美軍的生意非常賺錢，黃牛似乎還從香港的私人豪華遊艇業得到靈感，計畫在三種等級之上外加「遊艇級」，使得美軍在整趟台灣假期裡都悠遊在遊艇當中。

所以對於離家的屏東少女以及其他吧女來說，似乎可以形容她們脫離了原生家庭（family），然後與美軍短暫組成同居的家（home），甚至從後者的家賺取美金收入用以支撐前者的家用。此外，假如美軍有固定性伴侶的話也可以降低性病發生的機率，可能也是美方默許這種同居模式存在的原因。

在本章開頭登場的裘麗基本上也是依循著相同的吧女生涯模式。她在一九六三年擺脫屏東失業丈夫的掌控，離開家庭前往台中五權路工作，不過她的客戶都是駐紮在清泉崗基地的美軍。她選定英才公寓租了一間套房用以接待美軍，後來因為年紀漸長轉往大雅路雙美餐廳擔任吧女領班，並且固定寄錢給兩個兒子維持母親的角色。

當時美軍如果要帶台北的吧女或者雙美的裘麗出場，可以選擇長期買斷的同居模式，也可以選擇按照鐘點費計算的外出模式，首先他得填寫一份「酒吧女服務生外出登記表」（Registration Form for Outgoing of Waitress），勾選是要帶她去跳舞、看電影、吃飯、酒會、

R&R on Taiwan—From Plane to Pad in an Hour Flat

BY DARRELL HOUSTON
P-I Staff

The Face Of Asia

R & R WEARY GI's RECUPERATE FROM EFFECTS OF REST AND RECREATION

邁亞美酒吧女服務生外出登記表
REGISTRATION FORM FOR OUTGOING OF WAITRESS
Miami BAR TEL. 557407

顧客姓名
Name of customer (In print)

女服務生姓名
Name of waitress (中文 In Chinese) (英文 In English)

離店時間
Time of departure 年 月 日 時 分

所需外出時間
Time need for companion 小時 hour(s)

所付營業損失補償費金額
Money paid for business losses NT$

外出事由： Outgoing for:
1. 跳舞 Dancing
2. 看電影 Movie
3. 吃飯 Restaurant
4. 酒會 Party
5. 俱樂部 Club
6.

附註
1. 本表請寫三份由顧客填妥
2. 第一聯由顧客存執第二聯由女服務生收執存根聯由酒吧保存備查
3. 營業損失補償費如下：
(1)兩小時以內者新台幣200元
(2)超過兩小時後每半小時加50元
(3)全日（指營業時間上午九時至午夜一時）不得超過600元
4. 請詳閱本登記表並將各欄填妥

Remarks:
1. This form shall be filled up in triplicate and signed by the customer.
2. The first copy is for the customer, and the 2nd copy is for the waitress, and the last copy will be kept by the bar.
3. Charges for business losses are as follows:
(1) NT$ 200 within two hours
(2) NT$ 50 for every additional half an hour.
(3) The maximum charges limited to NT$ 600 for a whole day (From 9 A.M. to 1 A.M.)
4. Please read this registration form carefully and insure all blanks are filled up.

顧客簽名：
SIGNATURE OF CUSTOMER:

第一聯（顧客收執聯）This copy will be kept by customer
台北市酒吧商業同業公會(籌備會)印製

吧女外出表

Seattle Post-Intelligence 於 1969 年 4 月 28 日刊出美軍來台渡假報導

俱樂部又或者做其他事情。兩小時以內的外出費用是新台幣兩百元，每超出半小時額外加收五十元，全日不得超過六百元。只是如果期間內她的表現不符期待，美軍又可以向憲兵（Provost Marshal）告狀要求全額退款。

隨著越戰如火如荼地開打，袁麗曾經投身的五權路也迅速蛻變為全台中最繁華的街道。從一九六六年二月開始，國民黨政府著手拓寬五權路，其中美援補助了二百六十四萬元，這條路也陸續出現藍天使、蒙地卡羅、飛虎、國華等以外國人為對象的音樂西餐廳，總共帶動起四間酒吧、六間蒙古烤肉店、十間酒店、十四間餐廳及蒸氣浴室。魯茲聲稱在買水餃的路上經過的藍天使不但是一間主打義大利菜的餐廳，室內還裝有冷氣、彩色電視機等豪華設備，當年以演奏投機者（The Ventures）聞名的陽光合唱團更曾經在此駐唱。

即使如此，五權路的酒吧還是不足以負荷大量駐台美軍湧入台中市區，迫使國民黨政府開始思考以「官督民辦」的方式設置美軍俱樂部。於是在一九六七年十二月，台中最著名的第一俱樂部與萬象俱樂部准許營業[20]，營業項目包括旅館部、遊藝部（申請公文上顯示「關於吃角子老虎一項尚待研議」）、酒吧間、餐廳部、交誼廳、理髮部、販賣部及游泳池，但是營業時間以午後十二時為限，而且只有美軍及其眷屬才可以進入，酒吧間與交誼廳也受到特別管制。

根據解密文件，兩間俱樂部負責人曾經聯合清泉崗基地美軍人事處處長，要求台灣省政府准許俱樂部全日營業以及開放美軍自由攜帶男女伴進場。雖然這項陳情最後沒有通過，不過從內部的會議紀錄卻意外看見兩棟光鮮亮麗的八層大樓背後與美軍帶來的性暴力息息相關：

> 一九六六年越南戰役影響台中清泉崗美軍驟增六千餘人，美軍四處遊蕩市區迭生事端，於同年六月十九日發生美空軍一等兵聖米格蘭在台中市一福旅社旁小巷內強姦軍眷李○○，其夫為李○○係我空軍第三聯隊士官長，性質嚴重。軍方即組「六一九」專案小組於六月廿三日由警總王副總司令在中部地區警備部開會，警務處周處長中峰親自參加即日決議：「協議省府有關單位或發動地方在台中市至清泉崗間之適當地點建立大規模美軍俱樂部……」
>
> ……

20 第一俱樂部當時申請的名稱是「台中元帥盟軍娛樂中心」，地址是台中市五權路三三四號。萬象俱樂部申請的名稱則是「中區美軍遊樂中心」，地址是台中市中清路一四七號之十。

過去發生美軍強暴案件，許多為保密關係絕對不許刊發任何消息，所以外間人士多不知之。如過去美軍人員強姦我婦女，有判數十年徒刑者，有使中美雙方負責數十百萬賠償者，有遭受被害婦女之困擾及地方人士責難者。且該兩俱樂部嚴行檢查以後，美軍人員不如以前自由出入遊樂乃又逛蕩街頭到處尋樂，以致最近又發生兩個女中學生被美軍強姦，已由台中市警察局調解中，如以後對此類事件繼續發生，增加地方處理困難，請上級予以重視。

檢視外交部的另一份解密檔案「美軍妨礙風化案」，內頁塵封了將近三百多張的訴狀及公文，也正好印證國家機器確實壓制了所有受害女性的聲音。她們的身份涵蓋了吧女、高中生、大學生、美軍顧問團福利社餐廳部服務生，甚至還有陽明山教養院裡未成年的黑皮膚混血兒少女，只是這些涉及美軍性侵猥褻的保密案件最後都以庭外和解的方式不予起訴，進一步來說司法機關也就不需要啟動美軍地位協定的機制，當然也就不發生「撤回管轄權之捨棄」的問題。

在其中一張錢復寫給外交部的簽呈裡，可以發現國民黨政府即使表面上與美國簽訂美軍地位協定爭取重大司法利益，但是到了真正發生美軍性侵事件時也沒有積極爭取管轄權的意思，其中最主要的因素依然還是為了維繫中美友好關係：

惟查以往我政府對於美軍強姦案件，均捨棄管轄權，由雙方和解賠償被害人損失，並將肇事人移送美軍當局自行處理。我政府捨棄之理由，主要係基於政治上之特別考慮，蓋一旦由我法院管轄，開庭偵訊時勢必引起民眾注意，國人對於風化案件特別敏感，尤以涉及美軍人員強暴我國女子之案件，易為匪幫及其他不法之徒利用，離間中美軍民友誼[21]。此外，我國法律對於強姦案之處刑亦較美軍法為輕。基上分析，為避免引起不良後果，本案似應依照往例移送美軍當局自行處理，不宜撤回捨棄。（一九六九年九月八日）

儘管國家機器可以封鎖任何美軍的負面消息，卻無法掩蓋混血兒的出生人數劇烈上升。一九六九年二月十六日，《中國時報》刊登了兩則新聞與一張混血兒的照片，標題分別是「娃兒具有江湖氣／十歲下海就賣藝」、「心理反常／躋身馬戲／獨個兒謀生計」，都在描述

21 錢復與他所代表的國民黨政府之所以對於美軍性侵事件如此敏感，我認為可以追溯到國民黨政府在中國大陸統治末期發生的「沈崇事件」。一九四六年十二月二十四日，北京大學女學生沈崇遭到兩名美軍強暴，事後引發各地學生發動罷課與反美示威。即使沈崇事件至今依然有爭議，不過錢復在自己的回憶錄裡提到：「多年過後，中共當局公布沈崇是主動誘惑美軍，而非被『強姦』，其主要目的是喚起全國民眾反美情緒，減低美國對國民政府的支持。這件我親身經歷的事，使我徹底認清共產黨的面目，數十年來未有絲毫改變。」參見錢復（二〇〇五），《錢復回憶錄．卷一》，頁二十四。

黑皮膚混血兒陳文定的故事，不過從頭到尾都是以奇人異事的娛樂新聞呈現，完全還沒有意識到背後的結構性因素——單是一九六九年，就有五十名混血兒降生於台灣社會。

報導裡的陳文定有著寬厚的嘴唇與捲曲的頭髮，平時靠著路人施捨和撿拾爛水果維生，在台北市場的垃圾堆上被賽珍珠基金會的工作人員發現。基金會只知道他的母親是台北人，在孩子六歲時失業嫁給一位蓋房子的工人，最後與對方發生爭吵後離家出走。陳文定在繼父的放任下四處流浪，輾轉加入馬戲團表演氣功，即使演員將石板壓在他的腹部上用錘頭擊碎也毫髮無傷。馬戲團負責人試圖以現金交易陳文定的戶籍，基金會主任安東尼在得知消息後積極說服繼父不要將孩子轉手給馬戲團，另一方面也試圖尋找收養家庭和孤兒院的協助。

消息披露一個月後，《中國時報》又刊登後續新聞，表示一位高齡七十歲的老醫生願意接納陳文定，也已經在賽珍珠基金會辦妥收養手續。報導的尾聲是皆大歡喜的結局：「目前呂丁旺老醫生只有隻身在台，他把晚年的一切都寄託在這個孩子身上，而陳文定也在呂醫生的愛護下，像其他的孩子們一樣過著安定的生活，無怪在昨日辦理手續時，老少兩人的手一直緊緊地握在一起，而且都滿臉笑容。」

只是如果單從歷史新聞理解過去發生了什麼事情依然有其局限性。媒體無法繼續追蹤報導的是，陳文定的名字在三年之後又悄悄地出現在賽珍珠基金會的檔案裡，有可能是陳文定無法接受老醫生的管束再度離家出走，也有可能是呂老醫生先行離開人世，使得陳文定又被迫流離失所。不論是出於什麼樣的原因，陳文定最後成為幫忙路人擦鞋謀生的淘氣街童，也時常下落不明。

其實在混血兒的沈重之外，也還是有輕鬆浪漫的愛情故事。一九六八年三月二十九日，《聯合報》刊登了一則新聞，描寫高雄上海酒吧的吧女送別一位美軍進入港區，兩人因為依依不捨當眾擁抱接吻，留下冷戰版本的港邊惜別戀曲。只是一旁的警員認為他們的行為有礙社會善良風俗，在美軍離開以後將吧女帶入港警所，開了一張九十元新台幣的罰單。

警員偷偷摸摸的執法角色某種程度上也體現了國民黨政府被閹割的權力焦慮。他默許美

中國時報（原徵信新聞報）

娃兒具有江湖氣・十歲下海就賣藝！

中美混血兒一篇流浪記 不顧人領養 急壞安東尼

不悉父親何許人・但知生母下堂去

心理反常 躑身馬戲 獨個兒謀生計

囚犯跳車 法警追捕 當場殉職

宵小不識禮・孔廟打主意 千斤銅鐘 綑了繩索 險被偷去

國軍官……

今起分……

中國時報，1969 年 2 月 16 日刊載陳文定報導

軍私底下與從業女性進行任何交易，卻嚴禁公開的色情；至於美軍上船以後遺留下來的性侵、性病、混血兒、致人於死等犯罪問題，他顯然拿美國一點辦法也沒有。

一九七〇年以後：破碎的美國夢

混血兒的出生人數在一九六五年至一九七五年達到最終的高峰，自此之後一路銳減直到一九七八年，在短短不到十五年的時間內可說是急轉直下的變化。如同黃春明在〈小寡婦〉最後一幕裡的開場白一樣：七〇年代，美國總統尼克森已經有意退出越戰，國際情勢開始暗潮洶湧。

尼克森先是在一九六九年七月發表《關島宣言》（Guam Doctrine），主張美國不再介入亞洲事務，也呼籲亞洲盟國應尋求軍事自立，隨後在一九七〇年年底展開一系列撤軍計畫：從越南戰場撤出四萬人、泰國撤出三千六百人、菲律賓撤出六千人、日本及沖繩撤出一萬七千人、再從冷戰防線另一端的南韓撤出兩萬人，影響所及包括美軍基地商圈內的性工作者、乾洗衣店、藥妝店、美髮沙龍等業者都連帶受到衝擊。

位於第一島鏈中央的台灣當然也無法置身事外。美國先是一度告知第七艦隊將停止巡弋台灣海峽，不久又予以恢復，但緊接著又採取一連串降低軍事合作的舉動，包括撤離清泉崗基地的 KC-135 空中加油機，以及大幅削減一九七一年的軍事援助[22]。

時序進入七〇年代，雖然渡假計畫依舊持續進行著，不過從一些細微的訊息已經可以看出不尋常的變化。一九七一年八月，承辦渡假美軍專案的中華民國旅館事業協會為了吸引美軍來台渡假，推出「今日幸運者」（Lucky For Every Day）與「一九七一年幸運者」（Lucky Boy of 1971）兩項抽獎活動，前者使用電動猜獎機從每批渡假美軍當中選出一名中獎人，可以獲得免費的住宿優待；後者則是從美軍渡假服務中心統計出第一九一九七一名渡假美軍確切產生的日期，並且在當天同樣使用電動猜獎機抽獎，中獎人可以獲得免費的食宿優待以及招待環島一週。

值得注意的是這兩個抽獎活動背後的動機。當時的旅館協會總幹事黃溪海表示駐越美軍來台渡假的人數越來越少，幾乎回復到一九六五年的人數水平，影響所及不但渡假班機從全盛時期的每月三十五班縮減至每月五班，渡假人數也從每月四千名掉落到每月八百名，因此旅館協會除了擬定美軍優待方案，還印製精美的觀光簡介數萬份空運至越南各個美軍基地廣加宣傳。

22 錢復（二〇〇五），《錢復回憶錄．卷一》，頁一七六。

不過在一個月後，美國軍方宣布終止香港的美軍渡假計畫，並且將所有已經登記前往香港渡假的美軍改送往台灣，消息傳出讓旅館協會喜出望外。旅館協會也呼籲各大旅社要好好款待這些美軍，同時希望有關當局加強取締從事色情媒介與購物抽佣的黃牛，務必使美軍對台灣留下良好的印象。

自從香港開放渡假計畫以來總計接待了約二十五萬美軍，美軍的止步也導致維多利亞海峽周遭數百多間酒吧及俱樂部紛紛倒閉，灣仔區的軒尼詩道一時變得十分冷清。此時，台灣的觀光業者大概也料想不到香港的景象即將在半年以後降臨在自己身上。

巧合的是在同一個時間點，賽珍珠基金會主任安東尼也預測混血兒人數不會再繼續增加下去。他抱持的理由是美軍陸續從亞洲撤退，再加上台灣的

表四　美軍來台渡假人數（1968-1972 年） [23]

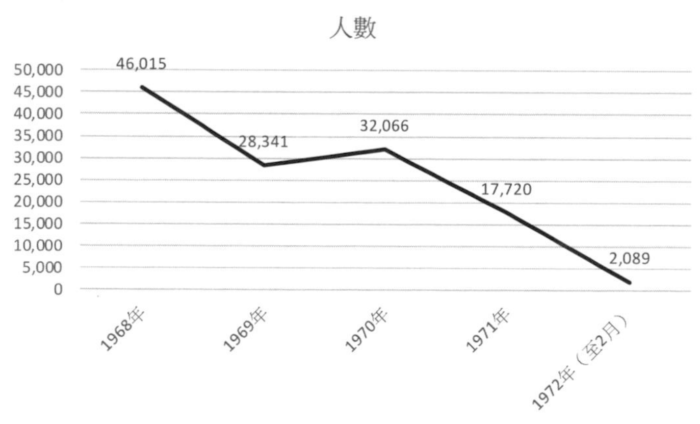

節育觀念逐漸普及、政府開始推行家庭計畫，吧女也學會吃避孕藥以及計算安全期，即使真的不小心懷孕也會請人打胎，因此美軍在台灣生下來的混血兒只會越來越少。不過他也認為，隨著美國人與中國女性結婚的情形日漸增加，亞美混血兒在未來依舊會是嚴重的社會問題[24]。

觀光景氣的低迷與混血兒現象的緩和，兩種看似毫不相干的指標都指向了同一個事實：美軍人數已不如以往密集。面臨來台美軍的減少產生的影響，觀光業者與賽珍珠基金會也各自有著南轅北轍的考量，前者試圖強化行銷力道，希望增加駐越美軍來台渡假的意願，至於後者不樂見美軍帶來的混血兒悲劇日趨嚴重，甚至寄望國家主導的人口衛生政策能適當發揮作用。

然而這些行動與預測完全抵擋不住東亞權力板塊的重組。一九六九年三月，中共與蘇聯在珍寶島發生武裝衝突，中蘇關係已經惡化到無可挽回的地步，此時中共也亟需在外交上爭取世界承認；另一方面，美國為了擺脫越戰泥淖，確保美軍部隊可以順利撤出中南半島，

23 引自交通部觀光事業局檔案（一九七一年六月至一九七二年四月），《越南美軍渡假接待》。

24 安東尼的這項判斷是在一九七一年七月左右。參見陳漢墀（一九七四），《兩性之間的困境——從中外聯姻探討》，頁二六八。

開始盤算著與中共結盟可以影響越共的決策，使得中美雙方都有動機想改善彼此的關係。

於是在一九七一年十月二十五日，中華人民共和國取代中華民國進入聯合國。在一九七二年二月二十一日這一天，尼克森抵達北京，展開與毛澤東的歷史性會面，雙方事後聯合發表《上海公報》，美國方面也有著以下的聲明：

美國認識到，在臺灣海峽兩邊的所有中國人都認為只有一個中國，臺灣是中國的一部分。美國政府對這一立場不提出異議。它重申它對由中國人自己和平解決臺灣問題的關心。考慮到這一前景，它確認從臺灣撤出全部美國武裝力量和軍事設施的最終目標。在此期間，它將隨著這個地區緊張局勢的緩和逐步減少它在臺灣的武裝力量和軍事設施。

順帶一提的是，毛澤東曾經在八二三砲戰之後寫下一篇評論劉自然事件的未發表文稿〈再告台灣同胞書〉，此時與《上海公報》對照來看不無顯得諷刺：

你們看，美國人有一毫一厘一絲一忽所謂仁義道德嗎？其他種種，千件萬件氣死人的事，你們一一親歷，不必我來多說。積怨如山，一旦爆發，於是有去年五月二十四日之役。這在中國歷史、世界歷史都要大書特書的。什麼美國大使館，三拳兩腳，打個稀爛。做得對！做得好！因為那些人欺人太甚。你們有些人說：共產黨離間你們與美國人的關係。什麼叫離間？你們對待一個文賊，一個武賊，一個大使館，較之我們說幾句閒話，即便叫做離間，誰的份量重一些呢？我們就是企圖喚醒你們，堅決跟美帝國主義離開，跟偉大祖國靠攏，這樣難道不好嗎？

冷戰局勢的錯綜複雜，使得毛澤東最後成功策動美軍撤離台灣，不過自己反倒先與美國帝國主義靠攏在一起了。

就在《上海公報》發表不到兩個月的時間，台北美軍渡假中心在一九七二年四月十五日停止辦公，個別美軍依然可以自費選擇來台渡假，不過原本吧女可以陪同渡假美軍投宿旅社的規定也在此終止。台灣在六年半的渡假計畫期間內總計接待了約二十一萬一千多名美軍，帶來五千兩百八十四萬美元的觀光外匯[25]，相關業者也轉向爭取日本觀光客以填補美

25 從交通部觀光事業局檔案「越南美軍渡假接待」，我們還可以窺見當時的政府經費倒底是如何消耗：美軍來台渡假計畫的宣傳費為新台幣四萬八千四百九十二元，總計支出三萬一千八百八十三元，至於剩餘金之一萬元新台幣贈送給時任中華民國旅館事業協會總幹事黃溪海，其餘金額再按年資分贈給旅館協會會務人員。

軍的空缺。

兩年後，台北美軍電台開始裁員，終止台南與台中分台的獨立播音。再隔一年，美軍全數從中南半島撤出。一九七八年十二月十六日，美國宣布自隔年起與中共建交，中止長達近二十五年的《中美共同防禦條約》。最後在一九七九年四月，《台灣關係法》生效，美軍電台宣布停播，美軍協防司令部舉行下旗儀式，約莫一百五十名美軍陸續移往夏威夷，台灣成為美國冷戰部署下的棄子以及終結越戰的祭品。

讓我們稍微倒帶回到渡假計畫結束時的一九七二年四月。美軍從這個月以後逐漸不再飛來台灣渡假，可說是酒吧業最蕭條的時候，不過月底卻發生美軍魯茲在英才公寓殺害吧女裘麗的命案，這一次國家機器再也無法封鎖吧女死亡的新聞了。只是同樣值得質疑的是，英才公寓命案不偏不倚地發生在尼克森訪問中國兩個月以後，假設中美關係不曾出現劇烈轉折，國民黨政府持續壓制受害女性的負面新聞，這樁美軍少年殺人事件還會曝光於報紙版面嗎？

話說回來，隨著美軍撤離台灣，《中美共同防禦條約》與《在華美軍地位協定》也失去效力的同時，那些曾經在台灣犯下重大罪行以致於無法花錢和解的美軍到底又是如何處置呢？

所幸在中華民國國防部出版的《美軍顧問團在臺工作口述歷史》，我們可以從當時擔任助理軍法官的藍柏（L. J. Lamb）得知一項事實：一名美國海軍在高雄渡假時，因為價錢談不攏發生爭執殺害了伴遊小姐，台南高等法院依據美軍地位協定行使管轄權，該名海軍也在一審被判刑十二年，二審獲得減刑，但是在美軍撤離台灣之後，所有的美軍受刑人全部都被移送回美國[26]。

藍柏也不藏私地公開分享美方如何技巧性地鑽法律漏洞。例如美軍開車撞死北投的摩托車騎士，美方可以主張美軍是在執勤中肇事為理由，認定車禍案件由美方審理；又例如，在台灣物資局（US Army Taiwan Material Agency）工作的美軍酒駕撞死三輪車車伕，但是台灣物資局隸屬於美軍顧問團，所以酒駕的美軍比照美軍顧問團人員享有司法豁免權。

因此我們無法得知魯茲和前述的水兵最後是否有負起應得的罪刑，只能事後明白即使有美軍定位協定作為規範，當時的吧女以及其他從業女性依然暴露在危險未知的勞動環境底下。美軍地位協定原本是因應政治現實而生，最後卻也因為國際情勢完全失衡而形同虛設。

非常現實的是，美軍的前腳剛走，色情觀光不再有利可圖，國民黨政府也祭出掃黃手

26 國防部史政編譯室（二〇〇八），《美軍顧問團在臺工作口述歷史》，頁二七三～二七五。

段。一九七九年五月，行政院通過「改善社會風氣重要措施」，將舞廳、夜總會、酒家、酒吧、特種咖啡茶室等特定營業許可年費提高為三倍，並且嚴格取締從事色情活動的理髮廳、浴室、公寓出租業及其他營業，全面掃蕩地下色情。措施執行兩週以來，台北市政府開罰逾時營業、色情按摩、陪宿暗娼、色情陪侍、餐廳歌舞、違規營業等案例多達七百九十三件，總計涉及一千兩百六十五人，也查禁春宮照片、黃色書刊、黃色錄影帶、裸體圖片共一萬兩千八百二十四件[27]。此時特種行業不再是睜一隻眼閉一隻眼的觀光特色，反倒成為改造國際形象而亟欲抹除的污點，知名的美軍酒吧街如中山北路也在八〇年代以後走進歷史。

美國為了負起美軍在亞洲造成的混血兒責任，在一九八二年十月二十二日通過公法九七—三五九號允許混血兒移民美國，但是依然有著許多條件限制。例如混血兒必須出生在南韓、越南、寮國、柬埔寨、泰國，出生年得在五〇年代之後以及公法通過之前，並且具備一位美國公民擔任混血兒的法定監護，提供經濟責任的擔保。然而從公法指定的五個國家當中，台灣因為不被美國承認而被排除在外，同時美國也忘記自己在沖繩的駐軍依然是現在進行式，使得台灣與沖繩成為唯二的例外。只是散落在東亞各地的亞美混血兒從小沒有離開過家鄉，也沒有教育環境擁有英語能力，在無依無靠的狀況下前往美國生活的混血兒其實非常有限。

混血兒如林博文與陳文定，他們的遭遇真的無法避免嗎？以南韓為例，除了美國賽珍珠基金會在南韓成立分會，以及其他在韓美國人設置非政府組織照顧流浪街頭的混血兒之外，南韓政府也每月提供混血兒生活補助，更讓他們免費接受教育直到高中為止[28]。相較之下，國民黨政府對於出生在台灣的混血兒幾乎是不聞不問，最初不但以國家利益為理由間接造成林博文的誕生，最終也同樣動用國家的力量終結林博文的一生。

假如回到混血兒的原點：林博文的母親遭到美軍性侵，難道只能單單歸因於人性的邪惡嗎？當林博文窮途末路扣下板機造成洪旭死亡的那一刻，他的命運不存在重重交織的政治社會因素嗎？

美軍渡假計畫的出現與中止，酒吧街的興起與沒落，以及混血兒的誕生與消逝，背後不僅反映冷戰情勢各個環節的變化，更是美國與亞洲政府合謀的結果，〈小寡婦〉裡的阿青或許代表著這一段美國夢破碎的徵兆。阿青在台北紅玫瑰酒吧工作時陰錯陽差地生下混血兒小黑，她在面對小黑時懷有著複雜的情感，但也逐漸認知到自己的無能為力：「想到小

27 郝成璞（一九七九），〈台北市對「改善社會風氣重要措施」執行情形及成效檢討報告〉，頁十一～十二。
28 蕭秀玲（二〇一四），〈愛沒有國界，更不分種族：賽珍珠基金會〉，頁二六三。

黑，她覺得那不是一個人對一個人的事。好像她一個人對著一個極大的什麼，而被壓下來。」或許阿青無從想像的是，她所夢想的美國夢是冷戰情境的虛構，更在夢醒時分不幸地面臨被狠狠壓垮的命運。

英才公寓命案的最後也有一段小插曲。魯茲曾經要求啞巴吧女美麗與他當面對質，但法院傳喚美麗到庭時卻發現她早已與另一位美軍結婚，並且飛越台灣前往夏威夷。無論是美麗與裘麗，阿青與小黑，林博文與陳文定，彷彿也都是在國家夾縫中求取生存的冷戰縮影。

尾聲：亞美混血兒，亞細亞的孤兒

Let me hate the word.

Half breed,

She's no good they warned.

Both sides were against me since the day I was born.

—— Cher, "Half-Breed" , 1973

一

邱漢忠在他的 Instagram 個人簡介欄顯示著：「不要問我為什麼這麼黑，因為我不想白活一輩子。」我答應他要幫忙寫一封信給國防部，但是由於工作忙碌的緣故整整拖了四個月。我上網找到國防部民意信箱，發出的信件主旨是「我想協助我的朋友尋找美軍父親」：

國防部您好，

或許您看到標題會覺得很奇怪，不過卻是台灣歷史上真實發生的事情。我的朋友邱先生是在一九七六年三月出生，所剩不多的資料顯示他的父親是美國非裔軍人，名字的中譯是「亞倫」，當時因為越戰駐紮在台中清泉崗基地，而且應該是彈藥庫的兵種。

由於他的父親在他出生不久就離開台灣了，因此我和我朋友希望尋求您的協助。不知道現在國防部是否還留有當時駐紮在清泉崗基地的美軍名單？時隔半世紀，我們認為這已經不是什麼軍事機密，如果名單尚在，只要搜尋一九七六年前後名為「亞倫（Allen）」的美軍，就有機會讓我朋友的尋父旅程跨出重要的第一步。

我們非常期待您的回覆，並且希望獲得國防部資深長官的注意。每則尋人啟示乍看之下並不起眼，但背後很可能躲藏著巨大的時代背景。而您小小的舉動，很可能幫助我四十一歲的朋友找到他未曾謀面過的美國父親。

二〇一七年十一月二十五日

信件寄出的一星期後，我收到一位國防部少校的電話，電話另一頭的聲音說明他們已經徹查現有的人事檔案，不過都沒有找到相關的美軍名單。他補充解釋當年美軍出入清泉崗基地其實並不歸中華民國國軍管轄，因此建議我寫信給外交部查證是否有美軍出入境的資料。

國防部少校的說法基本上再次反映當時的國民黨政府也搞不清楚全台灣到底有多少美軍，這怎麼想都是一件非常值得震驚的事情。我將這一段寫信給國防部的過程發佈在個人臉書，我的一位在報社工作的學長看到以後建議我或許可以借用媒體的力量多少幫一點忙；我隨即傳簡訊給邱漢忠，他也表明願意接受記者的採訪，於是他的尋人啟事新聞也在十二月十一日的《蘋果日報》登場。

這一天的報紙新聞主標題是：「台混血黑人憑譯名尋父」，乍看之下非常容易誤以為邱漢忠已經找到他的親生父親了。這則網路新聞發佈以後也湧入各式各樣的鄉民留言，有人同情他的客家人繼父，有人鼓勵他堅持下去，有人奉勸他不要浪費時間在這種父親身上，也有人莫名其妙將矛頭指向他的母親。

「我媽現在的腦海還停留在她十七歲的時候，如果我的狀況發生在批評我的人身上，故事也會一模一樣。我活這麼大了，其實找父親也沒有什麼意義，我只是想知道他是誰，以及他總要給我媽一點交代吧。」邱漢忠也回想起客家繼父曾經跟他說，母親婚後一度懷孕但是後來流產，原因卻是為了想保護他。假如母親生下繼父的小孩，黑皮膚的他很可能從此遭到冷落，但是現在的他反而覺得，母親或許當初根本就不應該把他生下來。

直到現在，邱漢忠依舊還在追尋母親的冷戰身影。例如他的外公外婆生前轉述曾經收到母親從台中寄來的冰箱和電視，代表母親當時應該是蠻賺錢的。另外他也聽到一位和母親同輩的朋友說，她們過去一群人在台中潭子加工出口區上班，某次休假日前往市區的西餐廳用餐，而母親就在那個時候認識了父親，兩人交往以後她也就沒有再返回加工出口區工作了。

如果依照這個版本的身世，或許邱漢忠的母親曾經是台灣經濟奇蹟背後的工廠女兒，後來輾轉前往中清路成為美軍的同居女友。

我一直覺得以現代的科技而言，或許「亞倫」並不難找。如果邱漢忠的故事引發專業偵探的興趣，請他代為向美國服役人員紀錄中心（National Personnel Records Center）清查曾經在清泉崗基地服役的美軍名單，再進一步過濾一九七六年以前相似的英文名字，是不是就跨出重要的第一步了？但以上很可能也是我天真的想法也不一定。

二

在尋人啟事暫時告一段落之後，總有一種事情沒有這麼輕易就結束的感覺。

很久很久以前，有一位白皮膚混血少年考入高中。他在開學的第二天就打起群架，老師考量他初犯所以沒有將他退學。他曾經參加校園歌唱比賽，挑選的歌曲是〈亞細亞的孤兒〉，然而事後卻突然決定休學。休學期間他又考進另一所學校，但是並沒有註冊，反倒是加入幫派、涉嫌偷竊摩托車，隨即被警察逮捕關進拘留所。這一位白皮膚少年從拘留所出來後重新回到原本的高中，不過早已無心求學的他也很快地消失蹤影。

很久很久以前，有一位白皮膚混血少女在兩年內轉學了六次。她與外省人繼父相處得很不愉快，對於生下她的母親也不無怨恨，也不喜歡家庭與學校的氛圍。七〇年代初期，中華民國被迫退出聯合國，美國總統尼克森訪問北京，學校同學把一連串的外交失利怪罪在她身上，導致她一度絕望地服藥自殺，僅僅只因為她長得像美國人而已。這一位白皮膚少女最後只有國中學歷，離家出走也從此下落不明。

上面兩則情境是我從檔案堆裡閱讀到的隻字片語，由於無法放進任何分析架構，之後也就像某種夢境或者國族寓言縈繞在腦海之中。首先的疑惑是：為什麼有許許多多的混血兒都是以失蹤作為方法，如同吳濁流在《亞細亞的孤兒》裡塑造的胡太明，不但最後徹底發瘋並且消失蹤影？以及，為什麼混血兒會挑選羅大佑的〈亞細亞的孤兒〉這首歌來唱呢？還是這首歌只不過是一首當年的流行歌曲而已？但是，如果同意每一篇小說的字句與每一部電影的佈置都自成意義，當亞美混血兒唱起〈亞細亞的孤兒〉時是否也可以算作是一種隱喻？

如同記載烏來鄉混血兒的〈烏來追想曲〉試圖連接的〈安平追想曲〉——這首歌描述一名金髮女子站在台南安平港邊苦等著外出的情人，彷彿自己也重演了母親被荷蘭船醫拋棄的命運。假設〈安平追想曲〉揭露的是台灣最原始的混血記憶與背叛宿命，那麼亞美混血兒與亞細亞的孤兒又分別代表著什麼？

「亞細亞的孤兒」或許傳達出台灣不被國際承認，或者更準確地來說是不被美國承認的悲情意識。一九七八年美國與中共建交，中華民國的反美情緒也達到最高峰，憤怒的群眾揮舞著青天白日滿地紅高唱愛國歌曲，紛紛將雞蛋、石頭、玻璃瓶砸向美國大使館，也已經無從得知這段期間是否又有混血兒遭遇無辜的波及。然而在七〇年代的時代背景裡，一群嗅出自己即將遭到美國放棄的部分中國人，卻把民族情緒發洩在無從想像美軍父親的混血兒，兩者之間也剛好形成一對諷刺的鏡像吧。

「亞美混血兒」或許象徵著台灣的冷戰身體。雖然現今的台灣已經大致認識到，美國在冷戰期間為了圍堵共產勢力擴張，先後在日本、南韓、琉球群島、台灣、菲律賓建立起所謂的「第一島鏈」，其中台灣又位於島鏈的中央環節牽制中國，符合美國長遠的戰略利益。但是，即使有這樣的自我認知卻依然導出兩種截然不同的詮釋：一派指出，在美國重返亞洲的大戰略之下，台灣的反中力量正好與《美日安保條約》的重新修訂遙相呼應，不但不自覺地站在美國的立場意圖強化島鏈，部分極端的聲音甚至主張美軍再次進駐台灣；另一派則是認為，只要兩岸統一，第一島鏈的封鎖隨即不攻自破，中國也將趁著東亞地緣結構的重組和平崛起，更進一步地與美國分庭抗禮。

於是，冷戰的前世今生彷彿成為二十一世紀的一則黑色幽默：台灣到底該前往何處？是再次投入美國的懷抱，又或者接受「祖國」（Fatherland）的庇護？冷戰時期的美國夢做完了，接下來改做中國夢嗎？還是接續未盡的美國夢？在大國博弈的年代裡，台灣又該如何真正認清自己的位置？

賽珍珠命名的亞美混血兒（Amerasian），同樣也讓我聯想起《亞細亞的孤兒》。吳濁流筆下的胡太明在日殖時期遊歷日本與中國大陸之後，表達出台灣人既不是日本人，也不是中國人的困惑。按照這樣的邏輯，是否也可以說亞美混血兒既不屬於美國（America），也不屬於亞洲（Asia）？那麼亞美混血兒的實際意義又是什麼？我們是否也可以反過來說亞美混血兒既屬於美國，也屬於亞洲，而且也是台灣不可或缺的一部分？

台北市的中山北路，在日殖時期叫做「敕使街道」，在國民黨政府落腳台灣不久改名為「中山」，隨後這條大路也隱約成為駐台美軍的混血歷史——沿著中山北路二段徐徐前進，專門播放藝術電影的光點台北，前身是日殖時期的美國駐台北領事館。大同大學對面的雙城街、德惠街與農安街，過往的酒吧空間轉變為菲律賓、印尼移工的假日聚集地。一九五七年建立的聖多福教堂原本服務美軍教友，也在歷史的陰錯陽差之下成為菲律賓移工禮拜的場合。六〇年代的舶來品集散地晴光市場早已沒落，取而代之的可能是東南亞食品百貨超商。

再往前，台北花博爭艷館的前身是中山足球場，更是美軍顧問團的租用地。台北市立美術館過去是美軍協防司令部的所在地，旁邊的中山美術公園曾經林立著美軍福利社、電影院、軍郵局、壘球場等娛樂設施。從中山北路五段進入陽明山，山仔后中庸二路八之一號是美軍電台的舊址，往年的美國熱門音樂也在這塊基地播送到全台灣的各個角落，也間接催生〈多少柔情多少淚〉（Summer Kisses, Winter Tears）[28]這類型的混血歌曲。穿梭其間，山仔后的低矮街弄有著日式小巷子的味道，四周圍卻是年久失修的美軍宿舍，部分遺跡甚至已經改建為美式餐廳。晚上，山後可以看見一覽無遺的台北夜景，長條的中山北路歷歷在目，盞盞橘黃色的綿延燈光交織出這個城市的現代化榮景與餘暉。

亞美混血兒與中山北路逐漸成為一段美國往事，似乎也使得台灣自動忽略曾經與美軍同在一起的歷史事實，但是美國決定撤軍台灣，充其量只不過是中美雙方權力制衡的緩衝結果，更不意味著美國的影響力已然消失，冷戰的混血親密也使得台灣在地緣政治的走向上唯美國是瞻。美軍基地還在台灣周遭，直到今日依舊憑藉著《美日安保條約》附著於沖繩的土地，反對美軍基地的全島鬥爭方興未艾，自認為孤兒的台灣是否也可以從沖繩的身世看見自己的混血色彩？如果我們不曾重新思考戰爭遺留下來的各種後座力，又如何期待背叛與暴力不會再度降臨？

28　歌手謝雷的〈多少柔情多少淚〉發表於一九六四年，原曲來自一九六〇年貓王（Elvis Presley）演唱的〈Summer Kisses, Winter Tears〉，往後這首歌也受到鳳飛飛、高凌風等知名歌手翻唱。

謝辭

曾經接過一份編輯工作，工作內容之一是每天打開信箱，仔細閱讀來函的投稿信件。這些作者各個身懷絕技，有人是可愛的圖文創作美少女，有人是每秒鐘幾十萬上下的股票操盤手，有人是西斯情色小說家，有人專門寫煉金術。現在回想起來，能夠一次認識許多喜歡寫作的人真是一段難得的人生插曲。

那時候的內心裡也迴盪著一個老掉牙的文化使命感。身為一名編輯，我要從未經琢磨的稿件一眼看出作家的骨架，提供內容上的專業建議與未來發展的可能性。說不定之後他出書時還會特別感謝編輯，再說不定他有一天成為暢銷作家，我又多了一件可以說嘴一輩子的事情。

後來我成了半路逃跑的編輯，也悄悄打開筆電裡的陳年資料夾接續未竟的寫作計畫。不過在沒日沒夜地拼命趕工之外，偶爾還會在臉書上與從前一起並肩作戰的寫作者交換近況，也會在夜深人靜時想起那些曾經被我回信婉拒的寫作者們（真是對不起）。如果將來有機會可以當面說些加油打氣的話語，我想說的是，請抱持著一定會出書的自信繼續寫下去吧。

這本書脫胎自我在二〇一五年完成的碩士論文《亞美混血兒，亞細亞的孤兒：追尋美軍在台灣的冷戰身影》，從最初的提案發想到最終的大幅改寫，唯一不變的寫作心情是：我希望混血兒及其母親的生命故事成為台灣歷史的一部分，更希望混血兒看到這本書以後多少產生照見彼此的效果。感謝我的編輯兼特級助產士楊琇茹和周易正，他們見證了這一段打掉重新投胎的漫長過程。

過去在論文寫作期間，我先後獲得財團法人鄭福田文教基金會、台灣社會研究學會的獎助，感謝評審們的支持與肯定。感謝口試委員王智明與朱元鴻老師，他們當時的建議與批評指引了一條修改的不歸路。感謝我的指導教授劉紀蕙老師，她總是提醒我要勇敢表達自己的意見，以前往往以為這句話沒什麼了不起，但直到現在我依然不斷地練習如何講自己的話。

寫書過程中，感謝總是擔任我第一讀者的俞普　，希望之後還可以繼續叫妳看我的文字。感謝人在美國的張嘉栩協助搜集資料。感謝李柏翰提供各種法律上的諮詢。感謝余庭煇、林封良、張瀚元的閱讀與回饋。感謝我的兄弟王騰毅。

感謝引領我入門的習賢德老師，當年他在採訪寫作的課堂上講述劉自然事件的時候，我還是在講桌下打彈珠的大學生。感謝我的高中老師塗千瑤，如果不是她當初的鼓勵，我可能絲毫不會覺得自己有一點點寫作上的天份，這一切大概也不會發生。

最後我感謝陳婉盈的陪伴。

二〇一八年十月八日，寫於台北三重

引用檔案

財團法人台北市賽珍珠基金會，「亞美混血兒檔案」。
國防部軍法局（1985），「林博文殺人罪審判情形」。
交通部觀光事業局（1971），「越南美軍渡假接待」。
外交部（1971），「林勞倫斯及魯茲殺人」。
——（1963），「黃牛勾結美軍套購物品」。
——（1966），「美軍妨害風化」。
——（1965），「駐越美軍來華渡假地位」。
——（1958），「美軍在台人數報表」。
Clarence L. Hodge & Kenneth F. Evansco. 交通部觀光事業委員會譯印（1968），《臺灣觀光事業調查報告書》，台北：交通部觀光事業委員會。
美國在台協會（2011），《1950-1980 美國人在臺灣的足跡》，台北：美國在台協會。

延伸閱讀

書籍

David Vine，林添貴譯（2016），《基地帝國：美軍海外基地如何影響自身與世界》，台北：八旗文化。

John W. Dower，胡博譯（2017），《擁抱戰敗：第二次世界大戰後的日本》，台北：遠足文化。

Margaret MacMillan，溫洽溢譯（2011），《只爭朝夕：當尼克森遇上毛澤東》，台北：時報。

工作傷害受害人協會（2013），《拒絕被遺忘的聲音：RCA 工殤口述史》，台北：行人。

王禎和（1994），《玫瑰玫瑰我愛你》，台北：洪範。

白先勇（1992），《孽子》，台北：允晨文化。

吉見俊哉，邱振瑞譯（2013），《親美與反美：戰後日本的政治無意識》，台北：群學。

村上龍，張致斌譯（2014），《接近無限透明的藍》，台北：大田。

殷寶寧（2006），《情欲．國族．後殖民：誰的中山北路？》，台北：左岸文化。

翁台生（1991），《CIA 在臺活動秘辛——西方公司的故事》，台北：聯經。

國防部史政編譯室（2008），《美軍顧問團在臺工作口述歷史》，台北：國防部史政編譯室。

張淑雅（2011），《韓戰救臺灣？解讀美國對臺政策》，台北：衛城。

陳映真（2001），〈六月裡的玫瑰花〉，收錄於《上班族的一日》，台北：洪範。

曾心儀（1977），《我愛博士》，台北：遠景。

黃光芹（1997），《告別輕狂：鄭志龍的愛情成長抉擇》，台北：商周。

黃春明（2009），〈小寡婦〉，收錄於《看海的日子》，台北：聯合文學。

新崎盛暉，胡冬竹譯（2010），《沖繩現代史》，北京：三聯書店。

詹錫奎（2012），《再見，黃磚路》，台北：東村。

劉以鬯（2011），《吧女》，香港：獲益。

劉志偉（2012），《美援年代的鳥事並不如煙》，台北：啟動文化。

賴佩霞、郭貞伶（2012），《回家：賴佩霞 20 年修行告白》，台北：早安財經。

錢復（2005），《錢復回憶錄卷一：外交風雲動》，台北：天下文化。

電影

Richard Quine（1960），《蘇絲黃的世界》。

王正方（1988），《第一次約會》。

吳念真（1996），《太平天國》。

宋明杰（2005），《黑吉米》。

宋欣穎（2018），《幸福路上》。

李祐寧（1988），《那一年我們去看雪》。／（1985），《竹籬笆外的春天》。

金基德（2001），《收件人不詳》。

柳松柏（1990），《美國博仔》。

楊德昌（1986），《恐怖份子》。／（1982），《光陰的故事》。

劉家昌（1984），《洪隊長》。

附錄一：紀事對照年表

時間	台灣狀況	東亞情形	世界局勢
1950/02/14		中共與蘇聯簽訂《中蘇友好同盟互助條約》。	
1950/03/30			美國參議員麥卡錫指控拉鐵摩爾是蘇聯頭號間諜，引發紅色恐慌。
1950/06/25			韓戰爆發。
1950/06/27	美國總統杜魯門宣布「台灣海峽中立化」，派遣第七艦隊協防台灣。		
1950/07/31	聯合國軍司令麥克阿瑟訪問台灣。		
1951/02/09	美國與國民黨政府根據一九四九年擬定的共同互助協定草案，簽訂《中美共同互助協定》。		

時間	台灣狀況	東亞情形	世界局勢
1951/03/ —	美國中央情報局在台北設置西方公司。		
1951/05/01	美軍顧問團依照《中美共同互助協定》進駐台北。		
1951/08/30		美國與菲律賓簽訂共同防禦條約。	
1951/10/10	美國國會通過「共同安全法案」，開始對台灣提供經援。		
1952/10/ —	美軍顧問團設立福爾摩沙聯絡中心，直到一九五五年十一月改名美軍協防司令部[1]。		
1953/07/27			韓戰雙方於板門店簽署停戰協定。

1 現址為台北市立美術館。

時間	台灣狀況	東亞情形	世界局勢
1953/10/01		美國與南韓簽訂共同防禦條約。	
1954/01/25		韓戰期間部分中共俘虜，在美軍的護衛下陸續運抵基隆港。	
1954/07/ —	美軍顧問團遷至台北市信義路三段[2]。		
1954/09/03		中共第一次砲轟金門，兩名美軍顧問團中校殉職[3]。	
1954/12/02		美國與國民黨政府簽訂《中美共同防禦條約》。	
1954/12/23	美軍電台進駐「軍中電台」播音室。		
1956/08/ —	中美雙方開始擴建台中公館軍機場（清泉崗基地前身）。		

時間	台灣狀況	東亞情形	世界局勢
1957/－/－	美軍電台遷至台北市漢口街的台糖大樓。		
1957/05/08		美軍協防司令部宣布：可攜帶核彈頭的屠牛士飛彈已運抵台灣。今日證實屠牛士飛彈布署於台南空軍基地。	
1957/05/24	美軍顧問團上士雷諾槍殺劉自然獲判無罪，引發民眾搗毀美國大使館與美國新聞處。		
1958/08/23		中共第二次砲轟金門，引發「八二三砲戰」。駐台美軍超過八千兩百人。	

2 現址為美國在台協會。

3 「孟登道中校紀念碑」與「法蘭克・林恩中校紀念碑」分別在一九九二年八月與二〇一一年十二月於金門水頭碼頭揭碑。

時間	台灣狀況	東亞情形	世界局勢
1959/02/23	美軍顧問團上士德倫茲酒駕，撞死立法委員馬曉軍。美軍法庭判處德倫茲自特級上士降級為一級上士，並每月扣薪美金一百元，連續扣六個月。		
1959/07/27	台中清泉崗基地[4]舉行啟用典禮，號稱遠東最大的空軍基地。		
1960/01/19		美國與日本簽訂《美日安保條約》。	
1960/04/ —		中共與蘇聯公開論戰。	
1960/05/26	美軍顧問團進駐台中清泉崗基地，指導換裝 F-104 戰機。		
1960/06/18	美國總統艾森豪訪問台灣。		
1961/ — / —	美軍電台在台南空軍基地設立第一分台。		
1961/05/14	美國副總統詹森訪問台灣。		

時間	台灣狀況	東亞情形	世界局勢
1963/01/08	因應越戰情勢，美軍陸續進駐台中清泉崗基地。		
1964/08/04			東京灣事件爆發，越戰全面升級。
1964/10/16		中共試爆第一顆原子彈成功。	
1964/10/27	為期十天的中美聯合「天兵六號」演習在中台灣舉行，參與空降作戰的中美部隊合約六千人。		
1964/11/27		國民黨政府與南韓簽訂《中韓友好條約》。	

4 一九六六年三月，為了紀念戡亂戰役中殉職的邱清泉上將，公館軍機場改名為清泉崗基地。

時間	台灣狀況	東亞情形	世界局勢
1965/－/－		美國賽珍珠基金會在南韓進行混血兒的調查研究，陸續在日本、沖繩、菲律賓、泰國、越南設置相同機構。	
1965/02/07			美軍大規模轟炸北越。
1965/02/11	一九六四年十一月天兵演習期間，三名非裔美軍在彰化強暴毆打婦女，在沖繩美軍基地軍事法庭分別被判處有期徒刑五十年、廿年與十年。		
1965/06/22		在美國的中介下，日韓雙方簽訂《日韓基本條約》。	
1965/06/30	美國中止對台經援。		
1965/07/29		美軍 B-52 戰略轟炸機從沖繩起飛轟炸越南。	

時間	台灣狀況	東亞情形	世界局勢
1965/08/24		美軍 C-130 運輸機從香港啟德機場起飛前往越南，最後失事墜入油塘海面造成五十九人死亡。	
1965/08/31	美國與國民黨政府簽訂《在華美軍地位協定》。		
1965/11/01	美國指定台灣為美軍渡假地區，美軍渡假服務中心在台北市中山北路圓山附近成立。		
1965/11/25	第一批來台渡假美軍抵達松山機場，總數五十三人。		
1965/12/－		菲律賓政府開放駐越美軍渡假。	
1966/－/－	美軍電台在台中清泉崗基地設立第二分台。		

時間	台灣狀況	東亞情形	世界局勢
1966/01/ 一	美軍於台中清泉崗基地附近興建七座大油庫，供 B-52 戰略轟炸機加油所需。		
1966/02/06		位於越南西貢永隆市的酒吧發生定時炸彈爆炸，造成兩名美軍及五名越南人死亡。	
1966/03/08		新加坡政府開放駐越美軍渡假。	
1966/04/12	《在華美軍地位協定》生效，限縮在台美軍的治外法權，但美軍顧問團人員不在此限。		
1966/07/04	新台北大飯店發生六死三傷的火警，其中死者分別有兩名渡假美軍與兩名應召女郎。		
1966/08/05	首批駐關島美軍及其眷屬共四十一人抵達台北渡假。		

時間	台灣狀況	東亞情形	世界局勢
1967/12/12	台灣省政府准許成立台中市第一與萬象兩間美軍俱樂部。		
1967/12/22		《時代雜誌》報導：駐越美軍可以自由選擇曼谷、香港、檀香山、東京、台北、新加坡、馬尼拉、檳城、吉隆坡、雪梨等城市渡假。	
1968/ / /	美軍電台台北總台遷至陽明山山仔后中庸二路。		
1968/03/16			越南廣義省美萊村發生美軍屠殺事件，消息封鎖了一年後才由媒體揭發。
1968/07/09	美國賽珍珠基金會在台北設立研究組，三個月後正式成立台灣分會，輔導美軍遺留下來的混血兒。		

時間	台灣狀況	東亞情形	世界局勢
1969/03/23		兩名美軍在首爾南方的村子裡強行闖入民宅，試圖性侵少女並且性侵少女的母親，依照《在韓美軍定位協定》判處五年至十年徒刑。	
1969/07/22	台北市性病防治所於中興醫院成立，與台大醫院、美國海軍第二研究所及國防醫學院合作建立檢驗室。		
1969/07/25		美國總統尼克森發表〈關島宣言〉，主張亞洲盟國軍事自立，開始從亞洲撤軍。	
1970/03/ –	台北市衛生局向警備總部、警察局與中美聯合小組備案，成立性病防治巡查小組。		
1971/10/06		駐越美軍停止前往香港渡假。	

時間	台灣狀況	東亞情形	世界局勢
1971/10/25	中華民國退出聯合國。	中華人民共和國進入聯合國。	
1972/02/21		美國總統尼克森訪問北京，中共與美國聯合發表《上海公報》，美國允諾從台灣撤出武裝力量。	
1972/04/05	最後一批來台渡假的美軍於三月二十九日抵達，於四月五日離境。台北的美軍渡假中心於四月十五日關閉。		
1972/04/22	台中英才公寓發生命案，清泉崗基地美國下士魯茲（Ronald A. Lutz）強迫吧女進行特殊性行為，導致對方窒息死亡。		
1972/05/15		美國將沖繩的管理權移交給日本。	

時間	台灣狀況	東亞情形	世界局勢
1973/01/27			美軍簽署和平協約，撤出越南。
1974/07/ —	美軍電台開始裁員，終止台南與台中分台的獨立播音。		
1975/04/30		越共南下佔領西貢，越戰結束。	
1977/09/30			美國禁止任何軍援顧問團以及軍事人員在海外組織擔任軍事顧問，除非出於國會核准。
1978/12/16		美國與中共宣布自隔年起建立外交關係。美國終止與台灣統治當局的政府關係。	
1979/02/28	台北的美國大使館結束運作。		
1979/04/10	美國的《台灣關係法》生效。		

時間	台灣狀況	東亞情形	世界局勢
1979/04/15	美軍電台宣布停播，轉由 ICRT 承接原有業務。		
1979/04/16	美國在台協會在台北辦公。		
1979/04/25	美軍協防司令部舉行下旗儀式，在台美軍陸續前往夏威夷。		
1979/05/01	國民黨政府通過「改善社會風氣重要措施」，將特種營業的許可年費提高為三倍，在當年七月全面實施。美軍酒吧街走入歷史。		
1979/11/01	台北市公告北投各大飯店及旅館不得有召妓陪酒、陪浴、陪宿或樂隊演唱等有傷風化的營業。		
1982/10/22			美國國會通過公法 97-359，允許南韓、越南、寮國、柬埔寨、泰國的美軍混血兒移民美國。

附錄二：美國服役人員中心檔案（Edward Goldsby）

NAME: **Goldsby, Edward E.**
SERIAL/SERVICE NUMBERS: **RA 19054673**
DATE OF BIRTH: N/A
DATE OF SERVICE: **May 3, 1941 – September 9, 1945**
N/A – February 21, 1955
CITY/TOWN AND STATE OF RESIDENCE, DATE OF ADDRESS: **East Missoula, Montana**
February 21, 1955

MARITAL STATUS: N/A
DEPENDENTS: N/A

RANK/GRADE: Sergeant First Class
SALARY: N/A
ASSIGNMENTS AND THEIR GEOGRAPHICAL LOCATION: N/A

SOURCE OF COMMISSION: N/A
MILITARY AND CIVILIAN EDUCATIONAL LEVEL: N/A
PROMOTION SEQUENCE NUMBER: N/A
DECORATIONS AND AWARDS: N/A

DUTY STATUS: **Discharged**
PHOTOGRAPH: N/A
RECORDS OF COURTS-MARTIAL TRIALS: N/A
PLACE OF INDUCTION AND SEPARATION: **Missoula, Montana – Fort Douglas, Utah**
Fort George G. Meade, Maryland – N/A
IF VETERAN IS DECEASED: PLACE OF BIRTH:
LAST KNOWN ADDRESS:
DATE AND GEOGRAPHICAL LOCATION OF DEATH:
PLACE OF BURIAL:

* N/A denotes information not available in records

附錄三：賽珍珠談亞美混血兒[5]

當然，我曾經聽說過他們，不過我並不是在安靜整潔的收養機構辦公室裡看見這些孩子，而是不久之前在亞洲地區。我在日本、南韓的街頭遇見他們，他們待在貧困的孤兒院又或者在美軍基地附近閒晃。

「這群小孩是怎麼一回事？」我問道，一時無法置信他們有這麼多人。

「他們是你們美國大兵的小孩。」得到這樣的答案。

「他們的母親呢？」我又問。

「日本女人，南韓女人，沖繩也有，不過如今換成越南。」

哦，不過我想起我第一個看見的小孩！就在首爾狹小的街道上，有一位小乞丐朝著我跑過來，他瘦小的身軀裹著破爛的衣服，蓬亂的頭髮沾滿灰塵。在亞洲長大的我，已經對於孩子的乞討習以為常，也因此我從口袋裡掏出一枚硬幣放入他那又小又髒的手裡。隨即往下

5 原文的標題是 The New Children，收錄於賽珍珠基金會台灣分會出版的《兩性之間的困境——從中外聯姻探討》，也依據原文重新整理與翻譯。這篇文章的實際寫作年代不詳，應該在賽珍珠逝世前的一九七〇年代。

一看，我發現這一張臉蛋並不是亞洲人，他的眼睛是一雙美國藍，有著天生的淺褐色頭髮，某位金髮美國人一定是這個孩子的父親。我給了硬幣，我記得這個孩子之後就跑走了，不過我永遠也不會忘記與他相遇的那一刻。為了搜尋這類型的孩子，找到與他相似的有數百個，並且發現他們有上千名，無法估計的數量散落在南韓、日本、泰國、菲律賓，在沖繩依然有無數個持續在增加！在越南，最大的孩子已經八歲九歲了。

那麼由美國父親生下來的孩子在這些國家裡，生活狀況又是怎麼樣？坦白說，不僅悲慘可憐，而且毫無希望可言。每個地方的亞美混血兒都是在未受教育以及沒有前途的情況之下長大，為什麼呢？原因在於他們是一群新誕生的人，不但是私生子與混血兒，亞洲人也不知道該如何對待他們。亞洲直到今日依然以家庭為中心，沒有家庭也就意味著無法接受教育以及沒有職業，然而這群亞美混血兒剛好就是沒有家庭的小孩。他們的母親未婚生子遭到拋棄，也無法照顧他們，自此之後他們遊蕩在街上，有時候成群結隊，在人滿為患的孤兒院裡往往比其他小孩得到的更少，無論走到哪裡都受盡歧視，就身分地位而言也處於劣勢中的劣勢。然而他們是無辜的，他們也往往比其他小孩聰明漂亮，或許是因為他們從不屈服於任何生死困境。

賽珍珠基金會正在為這群孩子工作著。身為一個美國人，我無法相信那些擁有一半美國血統的孩子們在無知、沒有希望、被父親遺忘，被母親拋棄的情況之下長大，將會對美國的威望有任何助益。我相信只要美國人民知情，都會希望這群孩子在他們生長的土地裡有機會成為良好的公民。的確，身為一個美國人，我害怕這群絕望的孩子在反抗命運之際成為共產黨人。總而言之，我相信他們身為美國人有權享有比現在更好的生活。

凡是讀到這篇文字的人，我懇求您的幫忙，這群我稱之為亞美混血兒的新孩子是你我的血親，他們是我們子弟的小孩，甚至是我們的丈夫所生下來的。如果我們不曾表達對於他們的關懷，又如何期待我們去關心亞洲？讓我們從現在開始展現關懷，鼓勵他們重拾信心，不僅相信他們是各個所處的國家的公民，也相信他們是我們美國人的一份子。敬請將您的奉獻寄到美國賓夕法尼亞州，費城賽珍珠基金會，我們將為您服務。如果您願意加入我們的認養計畫，您的捐款將作為特定混血兒的生活費與教育費。無論您選擇什麼樣的方式協助，我懇求您立即開始，因為孩子們都長得很快，從出生到成人的歲月非常迅速短暫，這群孩子能得到的幫助越早，他們的人生機遇也就越好。

賽珍珠 敬上

附錄四：台灣新電影裡的美國熱門音樂

電影	使用曲目
《光陰的故事》之「指望」（In OurTime，楊德昌，1982）	1.〈Ticket To Ride〉（The Beatle's, 1965） 2.〈Hello Goodbye〉（The Beatle's, 1967）
《小畢的故事》（Growing Up，陳坤厚，1983）	1.〈Beautiful Sunday〉（Daniel Boone, 1972） 2.〈Yellow River〉（Christie, 1970）
《竹籬笆外的春天》（Spring Outside of the Fence，李祐寧，1985）	1.〈Surfin' U.S.A.〉（The Beach Boys, 1963） 2.〈Hey Jude〉（The Beatles, 1968） 3.〈Ob-La-Di, Ob-La-Da〉（The Beatles, 1968） 4.〈Knock Three Times〉（Tony Orlando & Dawn, 1970） 5.〈Raindrops Keep Fallin' On My Head〉（B. J. Thomas, 1969） 6.〈I Don't Know How To Love Him〉（Yvonne Elliman, 1970） 7.〈Bridge Over Troubled Water〉（Simon & Garfunkel, 1970） 8.〈My Girl〉（The Temptations, 1964） 9.〈Beautiful Sunday〉（Daniel Boone, 1972） 10.〈Joy To The World〉（Three Dog Night, 1971） 11.〈White Christmas〉（Bing Crosby, 1942） 12.〈Tie a Yellow Ribbon Round the Ole Oak Tree〉（Dawn featuring Tony Orlando, 1973） 13.〈The Way We Were〉（Barbra Streisand, 1973）

電影	使用曲目
《恐怖分子》（The Terrorizers，楊德昌，1986）	〈Smoke Gets In Your Eyes〉（The Platters, 1958）
《第一次約會》（Fist Date，王正方，1989）	1.〈Blueberry hill〉（Fats Domino, 1956） 2.〈April Love〉（Pat Boone, 1957） 3.〈Little Darlin'〉（The Diamonds, 1957） 4.〈Save The Last Dance For Me〉（The Drifters, 1960） 5.〈A White Sport Coat And A Pink Carnation〉（Marty Robbins, 1957）
《牯嶺街少年殺人事件》（A Brighter Summer Day，楊德昌，1991）	1.〈Don't Be Cruel〉（Elvis, 1956） 2.〈Poor Little Fool〉（Ricky Nelson, 1958） 3.〈Why〉（Frankie Avalon, 1959） 4.〈Mr. Blue〉（The Fleetwoods, 1959） 5.〈Never Be Anyone Else But You〉（Ricky Nelson, 1959） 6.〈Are You Lonesome Tonight〉（Elvis, 1960） 7.〈Angel Baby〉（Rosie & The Originals, 1960）
《太平天國》（Buddha Bless America，吳念真，1996）	〈Crying In A Storm〉（Emy Jackson, 1965）

國家圖書館出版品預行編目 (CIP) 資料

失落在膚色底下的歷史：追尋美軍混血兒的生命脈絡 / 陳中勳作 .
-- 初版 . -- 臺北市 : 行人文化實驗室 , 2018.10
240 面；14.8x21 公分

ISBN 978-986-83195-2-3 (平裝)

1. 混血兒

546.58 107018222

失落在膚色底下的歷史
追尋美軍混血兒的生命脈絡

作　　者：陳中勳
總 編 輯：周易正
責任編輯：楊琇茹
美術設計：馮議徹
資料照片：南西、王湯尼、林億利、邱漢忠、馮閑妹
圖表顧問：鄭涵文、陳貞樺
內頁排版：葳豐企業
行銷業務：郭怡琳、華郁芳
印　　刷：沈氏藝術印刷

定　　價：300 元
ISBN：978-986-83195-2-3
2018 年 10 月 初版一刷

出版者：行人文化實驗室（行人股份有限公司）
發行人：廖美立
地　址：10563 台北市松山區八德路四段 36 巷 34 號 1 樓
電　話：+886-2- 37652655
傳　真：+886-2- 37652660
網　址：http://flaneur.tw

總經銷：大和書報圖書股份有限公司
電　話：+886-2-8990-2588